# Die Magie des Mondes

## MONDPHASEN, WEISHEITEN *und* MYSTISCHE ENERGIEN

VON
AURORA KANE

Librero

*Für John, der mein Leben mit Licht und Magie erfüllt.*

Titel der Originalausgabe: *Moon Magic*


Ursprünglich 2020 herausgegeben von Wellfleet Press, einem Imprint von The Quarto Group

Verleger: Rage Kindelsperger
Lektoratsleitung: Cara Donaldson
Kreativdirektorin: Laura Drew
Lektorat: Keyla Pizarro-Hernández
Artdirektorin: Cindy Samargia Laun
Coverdesign: Laura Klynstra
Layout: Amelia LeBarron

Übersetzung aus dem Englischen:
Peter Simon, Wien
Redaktion und Satz der deutschen Ausgabe:
Print Company Verlagsges.m.b.H., Wien

Printed in China

ISBN: 978-94-6359-585-8



Tarotkarten auf den Seiten 106, 108–113: bigjom jom / Shutterstock.com

MIX
Papier | Fördert gute Waldnutzung
FSC® C016973

# INHALT

*Kommt alle herbei – seid willkommen, nehmt Platz und*
*lasst euch verzaubern.*
*Doch wartet – keine Angst, es ist nichts Böses hier,*
*nur Lebenslust.*

*Des Mondes Zauber wartet, er wartet ab,*
*verführerisch locken seine Reize.*
*Sirenengesang, süßes Wiegenlied, fröhliche Melodie.*

*Erzählt von Schicksalen und Heldentaten und ewiger Liebe.*
*Sein Licht scheint hell uns zu erleuchten und uns zu leiten*
*von dort oben.*

*Betet offenen Geists und freudigen Herzens voll Vertrauen.*
*So zieht er seine Bahn. »Bleib«,*
*sagt er, »wir sind uns ähnlich, du wirst sehen.«*

*Gesegnet alle, die diese Seiten öffnen.*
*Entdeckt hier ein wenig von dem Zauber,*
*der besänftigt und erfreut.*

# EINLEITUNG

Wir alle brauchen Magie in unserem Leben. Ich möchte ihnen hier zeigen, wie der Mond, dieses alltägliche Objekt voller Wunder, das unseren Himmel beleuchtet, uns dazu verhelfen kann. Mit Magie meine ich ein bisschen Geheimnis, Spaß, Zauber und Wunder, die uns helfen können, ein erfülltes Leben zu führen, das mit der natürlichen Welt um uns herum verbunden ist.

Sie finden hier die notwendigen Informationen, um sich dem Mond und seiner Führung anzuvertrauen, Werkzeuge, Tipps, Rituale und Zaubersprüche, die Ihr Leben leiten und optimieren können. Von Gesundheit und Reichtum bis zu Sport und Haustieren, von Glück und Liebe bis zu Heim und Karriere. Vertrauen Sie auf Ihre innere Kraft, und Ihre sehnlichsten Träume werden wahr.

Unser lieblicher Mond ist nicht nur hypnotisierend, er macht die Erde auch zu einem lebenswerten Ort, trägt dazu bei, das Klima zu stabilisieren, und erzeugt den Rhythmus der Gezeiten, der die Menschen seit Jahrtausenden leitet. Sein wahrscheinlichster Ursprung? Die Kollision eines Himmelskörpers von der Größe des Mars mit der Erde, deren Trümmer das faszinierendste Zeichen auf unserem Nachthimmel bilden, den einzigen Himmelskörper außerhalb der Erde, den die Menschen bereits betreten haben.

*Luna*, »Mond« auf Lateinisch, war die römische Mondgottheit (Selene in der griechischen Mythologie). Diese Göttin, der Mond, ist beeindruckend, voll Glück, Zauber Energie Macht, Licht und – Magie –, sie inspiriert Liebe, Poesie, Musik, Literatur, Kunst, Wissenschaft und noch vieles mehr.

Diese bezaubernde Göttin fasziniert seit Jahrtausenden. Als Gegenstand von Bewunderung, Neugier, Forschung und Erkenntnis wurde der Mond von den Menschen aller Länder und Kulturen verehrt, die in ihm Führung, Macht, Romantik und Licht sahen.

Wenn Sie so wie ich sind, haben Sie vielleicht schon nach dem Mond (oder den Sternen) gegriffen, waren mondsüchtig, lebten hinter dem Mond, heulten den Mond an oder legten ihn einer geliebten Person zu Füßen und beobachteten, wie der Mann im Mond Ihnen nach Hause folgte (und fragten sich, wie er dort hinkam). Gibt es noch ein anderes unbelebtes Objekt, das so viele Emotionen auslöst?

Und ungefähr alle neunundzwanzig Tage erscheint der Vollmond, wenn der Mond auf der der Sonne direkt gegenüberliegenden Seite der Erde im vollen Sonnenlicht steht und ein atemberaubendes Spektakel bietet.

Aber was zwischen diesen Vollmonden passiert, ist genauso magisch und mächtig. Die Mondphasen und ihre Verbindung zu unseren natürlichen Rhythmen zu verstehen, ist nicht geheimnisvoll, sondern vorhersagbar, weil es jeden Monat geschieht. Zu begreifen, wie der mystische Mond uns und die Welt um uns herum beeinflusst und wie wir unsere Kraft nutzen können, um unser Leben zu verbessern, ist weit vielfältiger und lohnender.

Wir wissen, dass der Mond die Gezeiten beeinflusst, die mit seinen Phasen steigen und fallen. Da der menschliche Körper zu etwa 60 Prozent aus Wasser besteht, kann uns die Anziehungskraft des Mondes genauso beeinflussen und die Gezeiten können unserer Stimmungen und Pläne ändern. Nutzen wir diese einzigartige Kraft, um Klarheit in unser Leben und positive Energie in unser Tun zu bringen. Bedanken wir uns jeden Tag für die Führung und den Einfluss des Mondes, indem wir seine Gegenwart in unserem Leben anerkennen.

Wenn wir unseren natürlichen Rhythmus mit dem des Mondes in Einklang bringen, können wir ruhige Momente in unser Leben bringen und uns von dem ständigen Lärm und der Informationsflut lösen, die ständig über uns hereinbrechen. Schauen wir stattdessen in das hypnotische Licht des Mondes und tief in unser Herz und unsere Seele, um zu erkennen oder uns zu erinnern, was wichtig ist, um unseren Kompass neu einzurichten und unseren weiteren Weg zu bestimmen. In der Stille hören wir unsere Gedanken am deutlichsten.

Wenn wir unser Leben mit den Zyklen der Natur und den intuitiven Botschaften des Augenblicks in Einklang bringen, werden wir Frieden, tieferes Verständnis und mehr Chancen finden! Der Mond ist voll magischer Kraft, die Entscheidung, diese weise für uns zu nutzen, liegt bei uns.

# DER MAGISCHE MOND UND SEINE KRÄFTE

Der Mond, der in vielen Kulturen als eine Frau bezeichnet wird, die durch die Phasen des Lebens geht, von der jungen Frau zur erwachsenen Frau und Mutter und schließlich zur Greisin, ist eine sanftere Figur als die lodernde Sonne; er reflektiert Energie, er schafft sie nicht. Unsere Möglichkeit, vom Mond energetisiert zu werden und in seinem Licht zu reflektieren, bietet Zeit und Raum, die Lebensphasen zu betrachten, durch die wir gehen. Auf unseren Geist und unser Herz zu hören, bewusst Ziele zu setzen, sie zu erreichen und Erfolge zu feiern, selbst wenn es bedeutet, loszulassen, kann zu einem größeren Gespür für unserer Wünsche und unsere Zukunft führen, als wir uns glauben.

Dass der Mond magisch sei, kommt aus der Vorstellung, dass die Mondphasen, ihr monatlicher Zyklus und das Wachsen und Vergehen des Lebens miteinander verbunden sind. Mondmagie zu praktizieren bedeutet, sich auf die Natur und unsere natürlichen Rhythmen einzustellen und sich auf die Energien der mächtigen acht Mondphasen auszurichten und sich darauf zu besinnen, was wir bewusst in unser Leben hineinnehmen oder loswerden möchten. Nehmen wir uns jeden Monat die Zeit, uns auf uns selbst zu konzentrieren, in Ruhe darüber nachzudenken, was wichtig ist. Während einiges sofort klar wird ... wenn die Teile sich aneinanderfügen ... erfordert es meist Zeit und Geduld, bis sich die Magie des Mondes in unserem Leben offenbart.

# DIE KRAFT DER MONDPHASEN

Mondkräfte sind unsichtbar und individuell und daher schwer zu beweisen, aber einige Studien zeigen den Einfluss des Mondes auf das Wasser. Bedenken Sie, dass der Körper eines Erwachsenen durchschnittlich 60 Prozent Wasser enthält (Männer haben einen etwas höheren Prozentsatz als Frauen; mageres Gewebe enthält mehr Wasser als fetteres). Der Wasseranteil der Erde ist ähnlich, etwa 70 Prozent. Wenn Sie in der Nähe eines Gewässers leben, wissen Sie, dass die Gezeiten während eines Voll- oder Neumondes besonders stark sind. Zu den konkreten und signifikanten Auswirkungen des Mondes auf den Menschen zeigt eine kleine Studie von Schweizer Forschern, dass Menschen während des Vollmondes schlechter schlafen können, was darauf hindeutet, dass wir von der Mondenergie beeinflusst werden.

Auch die Menstruationszyklen der Frauen werden aus gutem Grund oft als »Mondzyklen« bezeichnet, sind doch Menstruationszyklus und Mondzyklus ungefähr gleich lang. Studien zeigen außerdem, dass während des Neumondes mehr Frauen ihre Menstruation haben als in jeder anderen Mondphase.

Schauen Sie sich doch die anekdotischen Beweise für ungewöhnliches Verhalten von Menschen bei Vollmond an: vermehrte Krankenhausaufnahmen, höhere Kriminalitätsrate oder das allgemein zu beobachtende seltsame Verhalten einiger unserer Mitmenschen.

Von der Wissenschaft kann das natürlich in Frage gestellt werden, nicht aber das Staunen, das man fühlt, wenn man diese große, helle Kraft am Himmel betrachtet, oder die Leidenschaft des Kusses eines Geliebten unter dem leuchtenden Blick des Mondes, oder die Kraft, wenn man sich Zeit nimmt, der Natur für ihr Wunder zu danken und zu meditieren und diese Energie zu nutzen, um im Einklang mit seinen Zielen zu handeln.

Es dauert etwa neunundzwanzig Tage, bis der Mond alle acht Phasen durchläuft. Der Zyklus beginnt mit dem Neumond, der uns dunkel erscheint, da Mond und Sonne auf derselben Seite der Erde stehen. Während der Mond die Erde umkreist, reflektiert er das Licht der Sonne in verschiedenen Winkeln, wodurch die zunehmenden und abnehmenden Effekte entstehen. Beginnend mit dem Neumond nimmt das Licht der Sonne zu (die junge Frau), bis der Vollmond eintritt (die erwachsene Frau), die Zeit, in der die der Erde zugewandte Seite des Mondes vollständig von der Sonne beleuchtet wird. Beim Übergang zur nächsten Phase (der alten Frau) nimmt das Licht ab, wenn sich der Mond wieder in den Erdschatten bewegt und seinen Zyklus beendet.

Die Mondphasen, ihre Beziehung zur Natur und zu unseren Rhythmen verstehen und seine Macht für unsere Pläne nutzen zu lernen, ist einfacher, als es klingt.

# DIE ACHT MÄCHTIGEN MONDPHASEN

Betrachten wir zuerst die Phasen in Bezug auf die besondere Kraft oder Bedeutung, die sie unserm Leben verleihen können, und stimmen wir sie dann mit geeigneten Aktionen und Aussagen zur Verwirklichung unserer Pläne und Wünsche ab. Beachten Sie, dass diese Phasen in der südlichen Hemisphäre umgekehrt auftreten.

PHASE 1

## NEUMOND

*Beginn des Zyklus – Reinigung*

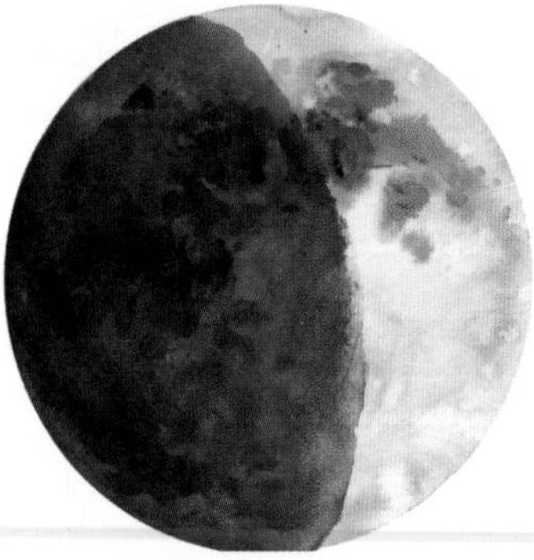

PHASE 2

## ZUNEHMENDER SICHELMOND

*Vermehrtes Licht beleuchtet Absichten und Gespür.*

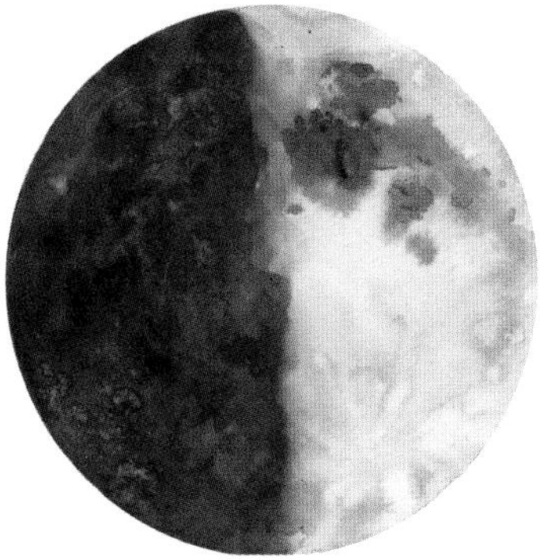

PHASE 3

## ZUNEHMENDER HALBMOND

*Starkes Licht wirft Fokus auf unsere Pläne.*

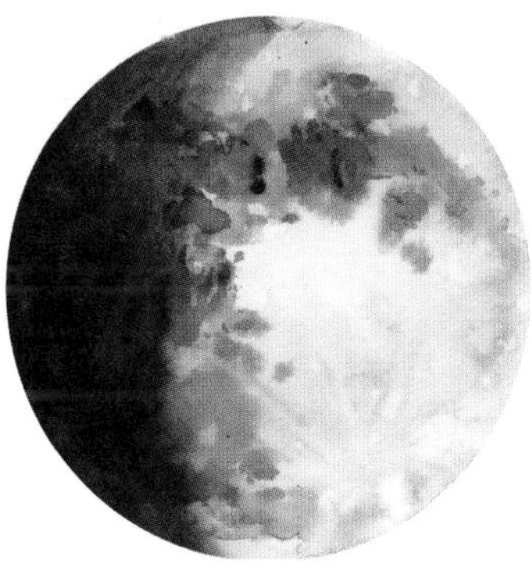

PHASE 4

## ZUNEHMENDER DREIVIERTELMOND

*Zunehmende Aufregung und Energie nähren Hoffnungen und Träume, bis sie im Vollmond sichtbar werden.*

PHASE 5

## VOLLMOND

*Energie, Fülle, Erfüllung, Dankbarkeit;*
*auch eine Zeit der Reinigung und des Loslassens*

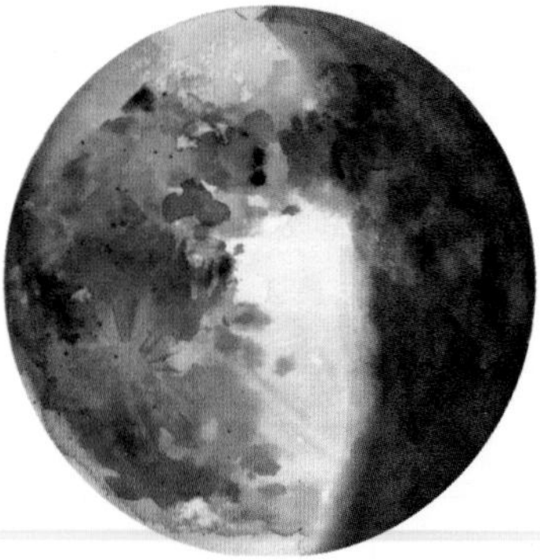

PHASE 6

## ABNEHMENDER DREIVIERTELMOND

*Reflexion, Lernen, Verfeinerung auf der Grundlage der gewonnenen Erkenntnisse*

PHASE 7
## ABNEHMENDER HALBMOND
*Anerkennen und loslassen, eine Zeit der Vergebung*

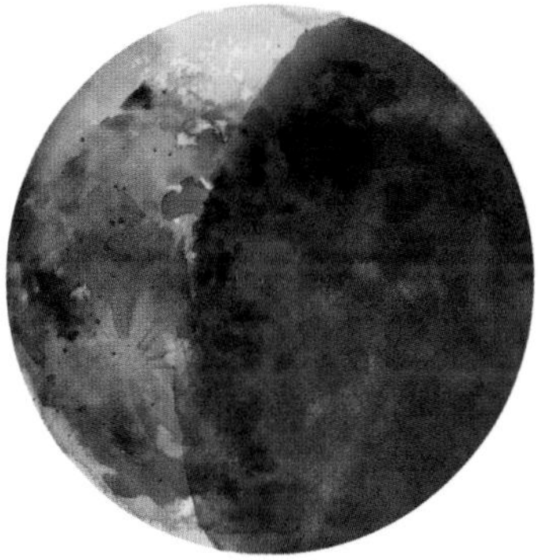

PHASE 8
## ABNEHMENDER SICHELMOND
*Ende des Zyklus – Erneuerung und innere Reflexion, in nachdenklicher Dunkelheit, bis ein neuer Zyklus beginnt*

# INTENTIONEN SETZEN

Unter Plan versteht man die Entschlossenheit, in einer bestimmten Weise zu handeln. Die *Upanishaden*, alte Sanskrit-Texte aus den Veden, besagen: »Du bist, was dein tiefstes Verlangen ist. Wie dein Verlangen, so deine Pläne. Wie deine Pläne, so dein Wille. Wie dein Wille, so deine Taten. Wie deine Taten, so dein Schicksal.«

Pläne beginnen als Gedanken und werden zu Handlungen, die erforderlich sind, um unsere Träume und Wünsche in die Realität umzusetzen. Es ist das Pflanzen und Pflegen eines Samens, bis er zu der schönen Blume blüht, die wir lieben.

Intentionen zu setzen ist ein innerer, kein äußerer Vorgang: Es beginnt mit »Ich bin«, »Ich will« oder »Ich möchte« ... *man kann nur seine eigenen Pläne umsetzen*. Das ist keine permanente »Wunschliste«, sondern bewusstes Tun, das zu einem glücklichen, erfüllten Leben führt. Ob es nun darum geht, finanziell erfolgreich zu sein, ein Leben voller Mitgefühl zu führen oder bewusst Freude an alltäglichen Dingen zu finden, es beginnt damit, seine Wünsche zu kennen und zielbewusst zu handeln, um sie zu erreichen.

Da das Leuchten des Mondes Energie trägt, die wir für unsere Intentionen verwenden können, erschaffen unsere Gedanken ihre eigene Energie. Sie ins Universum zu entlassen, lässt das Universum zu uns herein. Das Schöne am Setzen von Intentionen ist, dass es unsere Augen und dein Herz für neue Informationen öffnet. Es erhöht unser Gespür und die Fähigkeit, Chancen zu sehen, die wir in der Hektik des Tages verpassen würden.

Tagebuch und Meditation (siehe auch Seiten 19 und 56) können wichtige Wege sein, um unsere inneren Gedanken und Gefühle wahrzunehmen und unsere Absichten zu erkennen, denn Pläne müssen etwas Bestimmtes sein, an das man glaubt und das man begehrt. Hier einige Beispiele:

*Ich werde meinen Traumjob finden.*
*Ich werde mutig handeln.*
*Ich möchte in allem, was ich tue, das Glück suchen.*

Sobald Sie Ihre Pläne festgelegt haben, denken Sie ruhig für einen Moment darüber nach. Schreiben Sie Ihre Gedanken nieder. Seien Sie dankbar für die Möglichkeiten, die vor Ihnen liegen.

Während des Neumondes, der fruchtbarsten Zeit für das Sähen neuer Ideen und Wünsche, setzt man konkrete Pläne. Während man sich durch den Zyklus auf sein Ziel zubewegt, verbindet man Pläne und Taten mit den weiteren mächtigen Phasen des Mondes.

## FESTHALTEN DER INTENTIONEN

Ob in einem Tagebuch, einem Notizbuch oder einem Kalender, behalten Sie ihre Absichten im Auge – diese und auch die Handlungen, die Sie setzen, um sie zu verwirklichen, werden sich mit den Mondphasen ändern. Wenn Sie sich an Ihre Absichten erinnern und Ihre Fortschritt dokumentieren, können Sie sich mit der geeignetsten Mondphase koordinieren. Haben Sie keine Angst, Fragen zu stellen; schreiben Sie Ihre ehrlichen Gefühle und Gedanken nieder; und erleben Sie ein Gefühl von Frieden und Erfüllung, das Sie überkommt, wenn Sie Wünsche, Gedanken und Handlungen *planvoll* umsetzen.

# POSITIVE AFFIRMATION DURCH DEN MOND

Affirmationen sind wie persönliche Mantras, die wir verwenden können, um unser Unterbewusstsein zu programmieren und neu zu programmieren, um Dinge in einem positiveren Licht zu betrachten oder zu gestalten. Sie kennen doch dieses Selbstgespräch, das uns den ganzen Tag über durch den Kopf läuft und uns normalerweise etwas Negatives sagt oder uns ständig kritisiert. Wenn wir uns bewusst dafür entscheiden, das Gespräch (und den Glauben und das Verhalten) zum Positiven zu wenden, können wir es durch Affirmation tun.

Täglich angewandt, helfen Affirmationen insbesondere bei der Änderung unserer Überzeugungen und unseres Verhaltens. Wiederholen Sie sie so oft Sie möchten. Schreiben Sie sie auf Haftnotizen und platzieren Sie diese zur Erinnerung im Haus oder verwenden Sie dazu eine App auf Ihrem Smartphone.

Ähnlich wie Pläne sind Affirmationen positive, bedeutungsvolle und fokussierte »Ich-Aussagen«. Wenn Sie zum Beispiel Pech in der Liebe haben und sich einreden, dass Sie es wohl nicht wert waren, dann nehmen Sie sich die Zeit, Ihre positiven Eigenschaften – und wie diese zu einer gesunden Beziehung beitragen können – aufzuschreiben. Formulieren Sie dann eine Affirmation, die Sie an Ihre Qualitäten erinnert. Hier einige Beispiele:

*Ich bin klug, lustig und werde von meinen Freunden geliebt.*
*Ich bin neugierig, freundlich und weiß intuitiv, wie ich anderen helfen kann.*
*Ich bin ich und ich bin genug.*

Affirmationen sind keine Regeln oder To-do-Listen. Wenn eine schlechte Angewohnheit Anlass zur Selbstkritik gibt, sollte die entsprechende Affirmation die positive Emotion ansprechen, die eine Veränderung mit sich bringen wird.

Sie möchten aktiver sein? Die Affirmation lautet NICHT: *Ich werde mit dem Training beginnen*, sondern: *Ich fühle mich selbstbewusst und positiv und habe mehr Energie, wenn ich aktiv bin.*

Affirmationen sind bewusst ausgesprochene positive Botschaften, die sich in unser Unterbewusstsein, unsere innere Stimme, einbetten können und uns helfen können, uns in jedem Lebensbereich sicherer und erfolgreicher zu fühlen. So wie beim Setzen von Intentionen müssen wir tief in uns hineinhorchen, um zu erkennen, wo wir positive Veränderung brauchen, und uns bewusst dazu entschließen. Wenn man sich gut fühlt, sendet man positive Schwingungen aus, was wiederum positive Schwingungen anzieht.

Wenn Sie nun Ihre Pläne und Affirmationen festgelegt haben, können Sie die Mondphasen nutzen, um Ihre Handlungen und Gedanken zu leiten. Die Kombination von Plänen, Handlungen und Affirmationen ist ein mächtiger Zaubertrank zur Verstärkung der Mondenergie, und mit ein wenig Arbeit und einigen fokussierten Gedanken können Sie alles erreichen.

## NEUMOND

**Zeit zum Setzen von Intentionen**

**Aktion:** Beginnen Sie eine neue Beziehung, suchen Sie einen neuen Job, verpassen Sie sich eine neue Frisur, um Ihr neues Ich zu erschaffen! Sprechen Sie Hallo, lächeln Sie, schreiben Sie eine Notiz, führen Sie ein Gespräch, küssen Sie. Achten Sie auf neue Menschen, die in Ihr Leben eintreten.
**Affirmation:** *Zünden Sie eine rosafarbene Kerze an und sprechen Sie:* Ich freue mich auf neue Chancen und Erfahrungen.

## ZUNEHMENDER SICHELMOND

**Denken Sie über Ihre Pläne und die Handlungen nach, die nötig sind, um sie zu verwirklichen.**

**Aktion:** Erweitern Sie Ihren Lebenshorizont in dieser Zeit des Energieaufbaus. Machen Sie einen Termin für ein Bewerbungsgespräch, belegen Sie einen Kurs, um etwas Neues zu lernen. Verlangen Sie, was Sie brauchen.

**Affirmation:** Ich habe hart dafür gearbeitet und es verdient.

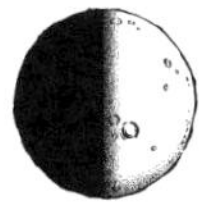

## ZUNEHMENDER HALBMOND

**Machen Sie so weiter, während sich Energie aufbaut.**

**Aktion:** Pflegen Sie Beziehungen zu Familie, Freunden, Kollegen oder im Liebesleben. Schauen Sie sich um und bekennen Sie sich zu dieser Liebe, auch wenn ein paar Zweige abgeschnitten werden müssen.

**Affirmation:** Zuallererst bin ich der Liebe würdig, dann kann sie auch geteilt werden.

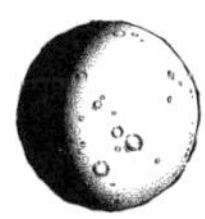

## ZUNEHMENDER DREIVIERTELMOND

**Machen Sie sich bereit, das ist die Zielgerade.**

**Aktion:** Machen Sie ein Angebot, nehmen Sie einen Vorschlag an und nehmen Sie zusätzliche Anstrengungen auf sich, um eine Aufgabe zu erledigen. Das ist die Zeit harter Arbeit, die Beziehungen gedeihen lässt und Ihre Leidenschaft entfacht, was auch immer diese sein mag.

**Affirmation:** Meine Gegenwart gibt der Welt Sinn.

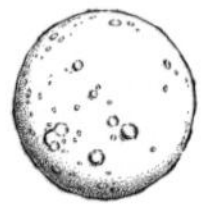

## VOLLMOND

**Bewerten Sie Ihre Ergebnisse und feiern Sie Ihren Erfolg.**

**Aktion:** Nehmen Sie Glückwünsche entgegen, zeigen Sie Dankbarkeit für Ihre Leistungen, nehmen Sie sich Zeit, um den Moment zu genießen, lassen Sie Gedanken und Ideen los, die nicht zu Ihren Zielen passen. Atmen Sie ein; feiern Sie. Überlegen Sie, woran Sie noch arbeiten müssen.

**Affirmation:** Ich bin erfolgreich, auch wenn ich versage.

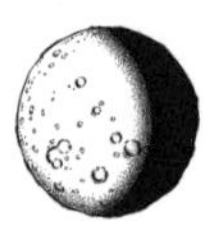

## ABNEHMENDER DREIVIERTELMOND

**Überlegen Sie, was gut und was falsch gelaufen ist, und teilen Sie Ihre Geschichte.**

**Aktion:** Bitten Sie um Hilfe, nehmen Sie Feedback und Veränderungen an, nutzen Sie die Möglichkeiten, die vor Ihnen liegen. Das ist auch die Zeit, unproduktive Beziehungen zu lösen oder bestehende neu zu beleben.

**Affirmation:** Ich bin glücklich und offen für Veränderungen.

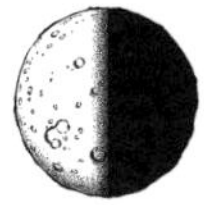

## ABNEHMENDER HALBMOND

**Trennen Sie sich von allem, was keine positive Kraft in Ihrem Leben ist oder Ihre Ziele behindert.**

**Aktion:** Lassen Sie negative Gedanken und verletzende Gewohnheiten fallen, entfernen Sie Hindernisse oder negative Menschen aus Ihrem Weg. Nehmen Sie sich in dieser Zeit der Ruhe und Reflexion etwas »Ich«-Zeit, die in allen Beziehungen notwendig ist.

**Affirmation:** Ich genüge mir.

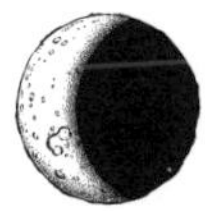

## ABNEHMENDER SICHELMOND

**Richten Sie Ihre Ziele neu aus und überdenken Sie Ihre Absichten.**

**Aktion:** Umarmen Sie die Dunkelheit und die Stille und bereiten Sie sich auf einen neuen Zyklus vor. Haben Sie keine Angst vor dem Unbekannten, wenn die neue Phase der Planung beginnt.

**Affirmationen:** Ich bin stark, ich bin mächtig, ich bin hier und ich werde Erfolg haben.

# DER VOLLMOND UND ANDERE MAGISCHE MONDPHASEN

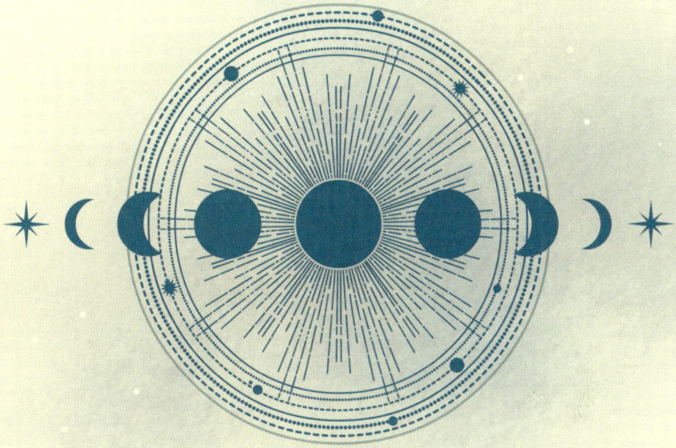

Es ist schwer vorstellbar, aber der Mond, besonders der Vollmond, war nachts eine bedeutende Lichtquelle, die Reisende über unbekannte Meere oder über die Felder führte und es erlaubte, die Arbeit spät am Tag fortzusetzen, wenn die Ernte näher kam, und wahrscheinlich galt er alten Kulturen als magisches Licht.

Er inspirierte Geschichten von Geistern, Kobolden, Werwölfen und Wahnsinnigen und hat signifikante Auswirkungen auf Gezeiten, Wetter, Ernten und Natur. Kein Wunder, dass der Vollmond weltweit und in der Geschichte als bedeutungsvoll gilt. Und nicht nur das. Können Sie sich die Angst der Menschen während einer Mondfinsternis vorstellen, als dieser stetige leuchtende Mond plötzlich vom Himmel verschwand?

Hier betrachten wir nicht nur den Vollmond, sondern auch einige verwandte Phasen, wie den Blauen Mond und den Schwarzen Mond, sowie Mondfinsternisse, die während der Vollphase des Mondes auftreten.

Native Americans, die den Mond als Kalender benutzten, gaben dem Vollmond jedes Monats symbolische Namen, basierend auf Beobachtungen, die sie zwischen der Natur und ihrer Korrelation mit dem Mond machten. Ich habe jedem einen Zauberspruch gegeben, um die Bedeutung des Vollmondes für unser tägliches Leben darzustellen.

## JANUAR

**Historische Bezeichnung des Vollmondes: Wolfsmond**

**Weitere Bezeichnungen: Alter Mond, Hartung**

**Historische Bedeutung:** Die Kälte und Dunkelheit im Januar lassen die Nahrungsquellen der Natur knapp werden. Heulende, hungrige Wölfe gaben wohl dem Januar-Mond seinen Namen.

**Heutige magische Bedeutung:** Ehren wir den Januar-Mond mit ausdrücklicher Dankbarkeit für reichliches Essen und sauberes Wasser und versuchen wir, denjenigen zu helfen, die weniger Glück haben.

*Mond, scheine hell, dass ich immer Nahrung finde, Körper, Geist und Seele zu ernähren. Ich danke für deine stärkende Energie.*

## FEBRUAR

**Historische Bezeichnung des Vollmondes: Schneemond**

**Weitere Bezeichnungen: Hungermond, Hornung**

**Historische Bedeutung:** Der typisch verschneite Monat in vielen Teilen Nordamerikas gab diesem Mond seinen Namen.

**Heutige magische Bedeutung:** Bei kälteren Temperaturen verbringt man viel zeit drinnen. Genießen sie die wunderschöne Winterlandschaft im Vollmond und beobachten Sie die Natur. In dieser Zeit schätzen wir Geschenke und unsere individuelle Schönheit.

*Strahlender Mond, erleuchte die Dunkelheit des Winters, die über Himmel und Geist herabsteigt. Lass reichlich Schönheit vorhanden sein in allem, was ich tue.*

## MÄRZ

**Historische Bezeichnung des Vollmondes: Wurmmond**

**Weitere Bezeichnungen: Saftmond, Lenzmond**

**Historische Bedeutung:** Wenn der Saft fließt und die Erde sich durch Erwärmung aufweicht, gehen die Regenwürmer ans Werk.

**Heutige magische Bedeutung:** Nehmen Sie die Energie des März-Vollmondes auf, wenn die Natur aus dem Winterschlaf erwacht. Überlegen Sie, was Sie aufgeschoben haben, und nehmen Sie sich erneut vor, Ihre Ziele zu erreichen.

*Heller Mond, erwecke mein Herz, damit die Zeit nicht zu schnell vergeht.*
*Heller Mond, erwecke meine Augen, um endlich meine Ziele zu erreichen.*

### NACH DEM FRÜHLINGSÄQUINOKTIUM

## APRIL

**Historische Bezeichnung des Vollmondes: Rosa Mond**

**Weitere Bezeichnungen: Gras-, Ei-, Fischmond, Ostermond**

**Historische Bedeutung:** Der April-Mond kündet die ersten Frühlingsblüten an. Der Name erinnert an früh blühende Wildblumen.

**Heutige magische Bedeutung:** Der April-Vollmond soll Schönheit in allem, was Sie sehen und tun erkennen lassen. Anerkennen Sie den Einfluss des Mondes mit einem Lächeln für Ihren Nachbarn oder einem freundlichen Wort für einen Freund. Heben Sie sich auch ein nettes Wort für Sie selbst auf.

*Mach mich nicht zum Narren, diesen April, ohne freundliches Wort für alles, was ich sehe.*
*Dein helles Licht offenbart Schönheit ohne Ende.*
*Mit Liedern in meinem Herzen bin ich dankbar, lieber Freund.*

## MAI

**Historische Bezeichnung des Vollmondes: Blumenmond**

**Weitere Bezeichnungen: Wonnemond, Milchmond**

**Historische Bedeutung:** Eine Zeit der Fülle der Natur, wo das Leben in voller Blüte steht.

**Heutige magische Bedeutung:** Dankt dem Universum für alles, was gut und voll in eurem Leben ist. Der Mai-Vollmond ist ein guter Zeitpunkt, die Gegenwart und ihre Erfolgserlebnisse bewusst wahrzunehmen.

*Oh Mond, unter den Sternen, sehe ich deine Strahlen*
*Deine schimmernden Arme hüllen mich sanft ein.*
*Nimm mich auf, dass ich die Gnade fühlen kann,*
*Denn alles in meinem Leben leuchtet hell wie Gold.*

---

## JUNI

**Historische Bezeichnung des Vollmondes: Erdbeermond**

**Weitere Bezeichnungen: Rosenmond, Brachmond**

**Historische Bedeutung:** In Nordamerika findet jetzt meist die Erdbeerernte statt. In früheren Tagen war es Zeit, die Walderdbeeren zu ernten.

**Heutige magische Bedeutung:** Nehmen Sie sich vor, im Juni-Vollmond die besten Momente des Lebens in vollen Zügen zu genießen, egal wie bescheiden oder großartig sie sind.

*Vollmond, erfülle mich mit Kraft, wo ich versage, mit Freude, wo ich Erfolg habe,*
*und mit Mut, den Kampf fortzusetzen.*

## JULI

**Historische Bezeichnung des Vollmondes: Bockmond**

**Weitere Bezeichnungen: Heumond, Donnermond**

**Historische Bedeutung:** Männliche Hirsche, deren Geweihe früher im Jahr abgeworfen wurden, haben diese nun nachgebildet.

**Heutige magische Bedeutung:** Beim Namen Donnermond sollte man auf mögliche Energieverschiebungen, oft in entgegengesetzte Richtungen, achten. Bleiben Sie fokussiert, aber seien Sie offen für Veränderungen und neue Informationen. Klarheit kann hier aufschlussreich sein.

*Geheimnisvoller Mond, dessen führende Präsenz über die Zeiten zeigte,*
*Zu Fuß, zur See oder in der Fantasie, jede Reise ist anders als die andere.*
*Gib mir die Klarheit, meinen Weg sicher zu gehen.*

## AUGUST

**Historische Bezeichnung des Vollmondes: Störmond**

**Weitere Bezeichnungen: Green Corn Moon, Erntemond**

**Historische Bedeutung:** Es ist die Hochsaison der Störe, wie nordamerikanische Fischerstämme beobachteten.

**Heutige magische Bedeutung:** Das Licht des Mondes möge die Fülle in unserem Leben erleuchten. Machen wir eine Bestandsaufnahme dessen, was uns vielleicht fehlt, und beschließen wir, die Vorteile zu nutzen, die uns umgeben.

*Großmütiger Mond, ich bitte dich, die Welt mit Güte, Frieden, Wohlstand und Großzügigkeit zu erfüllen, um die Bedürftigen zu erkennen und ihnen zu helfen.*

## SEPTEMBER

**Historische Bezeichnung des Vollmondes: Erntemond**

**Weitere Bezeichnungen: Herbstmond, Gerstenmond**

**Historische Bedeutung:** Die Zeit der Ernte – das helle Licht des Mondes half den Bauern auch bis spät in die Nacht.

**Heutige magische Bedeutung:** Überlegen Sie, wofür Sie noch mehr Zeit brauchen. Nehmen Sie die Energie des Mondes auf, um Ihren Weg zu beleuchten. Das könnte eine wunderbare Nacht für den Mondtanz sein (siehe Seite 126).

*Dein Lied der Nacht klingt als leise, süße verlockende Melodie.*
*Ich schwinge, tanze, bete. Lieber Mond, hilf mir, meinen Weg zu führen.*

### NACH DEM HERBSTÄQUINOKTIUM

## OKTOBER

**Historische Bezeichnung des Vollmondes: Jägermond**

**Weitere Bezeichnungen: Reisemond, Weinmond**

**Historische Bedeutung:** Gut genährtes Wild auf den abgeernteten Feldern und kargen Wäldern bot Jägern die Möglichkeit, Nahrung für den Winter zu machen; helles Licht bedeutet längere Jagdzeiten.

**Heutige magische Bedeutung:** Vollmond im Oktober kann das beleuchten, womit Sie sich für den Winter »eindecken« müssen. Was auch immer das Thema ist, graben Sie tief in Ihre inneren Reserven und füttern Sie Ihre Seele mit Liebenswürdigkeit und Zuspruch. Nehmen Sie sich einen Moment Zeit, diejenigen zu ehren, die Sie auf der Reise unterstützt haben.

*Der Jägermond erinnert uns, dass unsere Arbeit nie getan ist.*
*Vergeuden wir keinen Tag, sagen wir: Ich habe das nicht allein gemacht.*

## NOVEMBER

**Historische Bezeichnung des Vollmondes: Bibermond**

**Weitere Bezeichnungen: Frostmond, Nebelmond**

**Historische Bedeutung:** Zeit, Biberfallen aufzustellen, bevor das Wasser gefriert; Biber sind auch damit beschäftigt, Dämme zu bauen.

**Heutige magische Bedeutung:** Wie für die Biber in ihrem Bau kann jetzt ein guter Zeitpunkt für ein Mondbad sein (siehe Seite 126). Entspannen Sie sich, geben Sie sich der Kraft des Mondes hin und spüren Sie seine ausgleichende Energie.

*Eine Pause, die ich brauche, den Geist und rastlose Tage zu beruhigen.*
*Sende Mondstrahlen, um Träume zu flüstern und mich wegzutragen.*

---

## DEZEMBER

**Historische Bezeichnung des Vollmondes: Kalter Mond**

**Weitere Bezeichnungen: Lange-Nacht-Mond, Julmond**

**Historische Bedeutung:** In den meisten Teilen der nördlichen Hemisphäre beginnt im Dezember der Winter und seinem eisigen Zauber. Das Wachstum verlangsamt sich, die Aktivität nimmt ab.

**Heutige magische Bedeutung:** Nehmen Sie sich Zeit, Ihre Seele vom Licht des Vollmondes wärmen zu lassen, bis der warme Hauch des Wetters wieder Ihr Gesicht erwärmt.

*Mag Eis wohl von der Traufe oben hängen,*
*Deine Wärme strahlt hell und wahr.*
*Wache oben, wenn die Nächte lang sind,*
*Die Liebe führe uns hindurch.*

## DER BLAUE MOND

*Once in a Blue Moon* (alle Jubeljahre, also ganz selten) ... Das seltene Ereignis, das wir uns erhoffen, ist real und gar nicht so selten. Jedes Kalenderjahr beendet der Mond seinen letzten Zyklus etwa elf Tage, bevor die Erde ihre komplette Umlaufbahn um die Sonne beendet. Diese Tage summieren sich und etwa alle zweieinhalb Jahre gibt es einen zusätzlichen Vollmond in einem bestimmten Monat. Dieser zweite Vollmond ist der *Blaue Mond*.

Es gibt ihn also, den Blauen Mond, aber ist er blau? Nein, der Mond ist nicht blau (auch nicht aus Käse!), aber er kann so erscheinen. Als 1883 der indonesische Vulkan Krakatoa ausbrach, schickte die Explosion Aschewolken hoch in die Atmosphäre, deren winzige Aschepartikel die roten Lichtwellen der Sonne ablenkten. Als dann die weißen Strahlen des Mondes durch die Wolken leuchteten, erschienen sie blau. Auch kleinere Vulkanausbrüche oder große Waldbrände können ähnliche Auswirkungen haben.

Was bedeutet der Blaue Mond? Die Vervielfachung der Kraft des ohnehin schon mächtigen Vollmondes steigert unsere Arbeitsleistung, lädt unsere Batterien auf und intensiviert unsere Anstrengungen zum Erreichen unserer Ziele. Es kann auch eine Zeit intensiver Zufriedenheit sein, da Ziele erreicht werden und die Intuition auf dem Höhepunkt ist.

Obwohl die Herkunft des Namens *Blue Moon* unklar ist, lohnt es sich, darauf mit einem Bier gleichen Namens auf das Glück oder auf einen zusätzlichen Zyklus für unsere Pläne und Ziele anzustoßen.

## DER SCHWARZE MOND

Der Schwarze Mond ist gewissermaßen der Zwilling des Blauen Mondes. Wir erleben den Vollmond, wenn die der Erde zugewandte Seite des Mondes vollständig von der Sonne beleuchtet wird und ein zweiter Vollmond in einem Monat als Blauer Mond bekannt ist. Wenn der Mond durch seine Phasen tanzt, wird er dunkler. Der Neumond ist die Zeit, in der seine der

Erde zugewandte Seite dunkel ist, ganz im Schatten. Das ist traditionell eine Zeit der Reinigung, des Loslassens und des Festlegens neuer Ziele. Der Schwarze Mond ist der zweite Neumond, der in einem Monat auftritt.

Der Schwarze Mond ist unsere lunare Chance, unser inneres Selbst klar zu sehen, auf seine Stimme zu hören, die wir gerne ignorieren, wenn wir zu beschäftigt sind, darauf zu achten. Es ist eine Zeit, zu erkennen, was wir wollen und brauchen, um neue Anfänge zu suchen.

Der Schwarze Mond soll eine Zeit kraftvoller innerer Wahrheit sein. Schauen wir tief in unsere Seele. Ignorieren wir die Stimme im Inneren nicht. Der Schwarze Mond wird uns führen.

## MONDFINSTERNISSE

Obwohl viele Kulturen im Laufe der Geschichte die Macht der Sonne verehrten, löste der Mond seine eigene Verehrung und sogar Angst aus. Finsternisse wurden von vielen als Zeiten der Angst und des Unheils angesehen. Es gibt viele Geschichten über Mondfinsternisse, etwa dass der Mond von einem Jaguar gefressen oder von wütenden Hunden und Schlangen angegriffen werde. Und sogar, dass eine Finsternis ein Angriff auf alte Könige sei. Rituale entstanden, um den Mond zu besänftigen oder zu vertreiben und das lauernde Böse abzuwehren.

Mondfinsternisse passieren während eines Vollmondes, und in den meisten Jahren gibt es zwei oder drei davon. Damit weckt die Natur unsere Aufmerksamkeit und erinnert uns daran, wie spektakulär sie ist. Sie reißen uns aus der »Routine« und entfachen Veränderung. Das sind Zeiten der Abgrenzung, die normalerweise ein Ende und signifikante, oft unerwartete Veränderungen bedeuten. Mondfinsternisse lassen Emotionen hochkommen und sind möglicherweise nicht die beste Zeit für entschlossenes Handeln, das dann vielleicht nicht zum gewünschten Ergebnis führt. Lassen Sie die Energie für ein oder zwei Tage ruhen, bevor Sie wichtige Entscheidungen treffen und danach handeln.

# TRADITIONEN, GÖTTINNEN UND WICCA

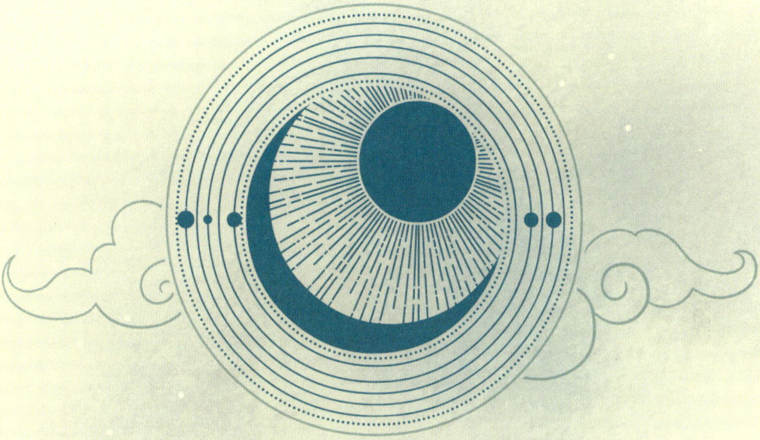

Im Laufe der Jahrhunderte wurde der Mond sowohl als Gottheit als auch als Himmelskörper betrachtet. Kulturelle Überzeugungen und historische Bedeutung variieren von mystisch bis romantisch. Doch der Mond, in all seinen Phasen, bleibt immer atemberaubend und flößt uns Bewunderung seiner Schönheit und Respekt vor der Fähigkeit der Menschen ein, ihn zu erforschen. Stellen Sie sich seine Bedeutung vor Jahrhunderten vor, als seine Anwesenheit, seine Veränderung und sein Verschwinden vom Himmel noch unerklärlich waren, wenn Dunkelheit den Tag verhüllte und nur der Mond am Himmel die Angst davor lindern konnte.

Viele glauben auf dem Mond eine sanfte alte Seele, den Mann im Mond, sehen zu können. Einige Kulturen sahen ein Kaninchen im Dienst der Mondgöttin. Andere sahen Hunde, Kröten oder eine alte Frau ... Was immer man sieht, bereitet bestimmt Freude. Schauen wir uns die beiden häufigsten Bilder an, die man im schönen Antlitz des Mondes erkennen kann!

# DER MANN IM MOND

In der nördlichen Hemisphäre kennen wir alle den Mann im Mond, dieses lächelnde Zeichen am Himmel und Motiv zahlreicher Mythen und Legenden.

Eine alte europäische Geschichte erzählt, dass der Mann ein Verbrechen begangen habe: Er wurde am Sabbat, einem strengen Ruhetag, beim Sammeln von Stöcken erwischt und wegen dieses Vergehens auf den Mond verbannt. Dort lebt er seit Jahrhunderten und inspiriert Legenden.

Einige germanische Völker glaubten, dass der Mann an einem Sonntag, dem Ruhetag, einen Nachbarn bestohlen hätte, ein doppeltes Verbrechen, für das er verbannt wurde. An der Küste lebende Germanen beobachteten den Einfluss des Mondes auf die Gezeiten und glaubten, der Mann im Mond sei ein Riese, der Wasser auf die Erde goss, um die Gezeiten zu erzeugen.

In nordischen Legenden erfahren wir, dass der Mann zwei Kinder in den Himmel entführt habe, um sie dort mit einem Eimer Wasser holen zu lassen.

Eine römische Legende besagt, dass er Schafe gestohlen habe.

Die Holländer nennen ihn einen unglücklichen Gemüsedieb!

Inuits in Alaska glauben, dass der Mann im Mond der Hüter der Seelen sei und dass die Schamanen aufsteigen können, um ihnen zu begegnen.

Eine malaysische Legende besagt, dass der Mann im Mond fischt und alles auf der Erde zu fangen möchte. Aber eine Ratte nagt an der Schnur und eine Katze jagt die Ratte und stellt das ewige Gleichgewicht wieder her.

Die Wissenschaft sagt, dass der Mann im Mond die Folge von Milliarden Jahre alten Asteroidenkollisionen ist, deren Schockwellen Vulkanausbrüche auslösten. Die durch die Einschläge entstandenen Krater füllten sich mit vulkanischem Magma, das nach Abkühlung dunkle Stellen auf der Mondoberfläche hinterließ. Wenn der Mond voll beleuchtet ist, kontrastieren diese dunklen Bereiche, die Mondmeere, mit helleren Bereichen auf seiner Oberfläche und zeigen dieses freundliche Gesicht, das wir so gut kennen.

## DER MONDHASE

Die chinesische Folklore glaubt, dass ein Kaninchen auf dem Mond lebt, das mit seinem Mörser und seinem Stößel das magische Lebenselixier für die Gottheiten bereitet, insbesondere für die Mondgöttin Chang'e. In Japan und Korea erzählt man, dass das Kaninchen Zutaten für Reiskuchen mahlt.

Eine Legende der nordamerikanischen Cree erzählt von einem jungen Kaninchen, das sich eine Fahrt zum Mond wünscht. Ein Kranich trug es dorthin und während der langen Reise hielt sich das Kaninchen an den Beinen des Kranichs fest und streckte und verlängerte sie. Beim Erreichen des Mondes berührte das dankbare Kaninchen den Kopf des Kranichs mit einer blutenden Pfote und hinterließ die markante rote Krone des Kranichs. Diejenigen, die daran glauben, sagen, dass man in klaren Nächten das Kaninchen auf dem Mond reiten sehen kann.

# MYTHOLOGIE UND MONDGÖTTINNEN

In vielen Kulturen wird der Mond als Göttin dargestellt, als mächtige weibliche Gestalt, die für Fruchtbarkeit, Geburt, Mutterschaft und Heilung steht und auch Mitgefühl und große Weisheit besitzt. Seit Jahrhunderten nutzen die Menschen die Mondphasen, um die Pflanz- und Erntezeiten zu bestimmen, oder als Leitfaden für persönliche Fruchtbarkeitsprobleme.

Und, wie bereits erwähnt, weibliche Menstruationszyklen werden oft als »Mondzyklen« bezeichnet. Man musst nicht weiblich sein oder menstruieren, wir alle, egal in welcher Identität oder Lebensphase, können die magische Kraft des Mondes nutzen, um unsere innere Göttin zu befreien. Da ganze Bücher zu diesem Thema geschrieben wurden, ist das folgende nur eine Ausschnitt, der einen kleinen Blick auf die Wirkung des Mondes auf die Menschen im Laufe der Zeit freigeben soll.

## GRIECHISCHE MONDGÖTTINNEN

Die griechische Mythologie umfasst Geschichten von Göttern und Göttinnen, Helden und Krieg, Ritualen und Naturphänomenen, deren Einfluss im Alltag weit verbreitet war und Kunst, Literatur, Architektur und Musik nachhaltig beeinflusste.

**Selene:** Diese Titanengöttin, verehrt als Verkörperung des Mondes, wird oft mit einer Mondsichel auf dem Kopf dargestellt, die ihren Wagen über den Himmel lenkt und den Mond zieht. Sie wurde im Neumond und Vollmond als Herrin des Himmelslichts und des Schlafes verehrt.

**Artemis:** Eng mit dem Vollmond assoziiert (ihr Bruder war der Sonnengott Helios), wurde sie auch als Göttin der Jagd, Natur und Geburt verehrt.

**Hekate:** Die hundeliebende alte Frau, Göttin der abnehmenden und dunklen Monde, wird oft mit einer Fackel dargestellt, die symbolisch für ihre große Weisheit steht. Zu ihren zahlreichen Assoziationen gehören Eingangsbereiche. Die Platzierung eines Schreins an einem Eingang, sei es bei einem Bauwerk oder einer Stadt, sollte böse Geister am Betreten hindern.

## RÖMISCHE MONDGÖTTINNEN

Die stark von der griechischen Mythologie beeinflusste römische Mythologie kennt ebenfalls zahlreiche Götter und Göttinnen. Diese Mythen waren der Versuch, die Beziehung der Sterblichen zur Natur zu interpretieren, das Unerklärliche zu erklären und schwierige Themen wie das Jenseits und Gut gegen das Böse zu behandeln.

**Luna:** Luna ist die römische Entsprechung der griechischen Selene, der personifizierten Mondgöttin, die ebenfalls in Neumond und Vollmond verehrt wird.

**Diana:** Die Römer verehrten Diana als Göttin der Jagd und der wilden Tiere. Als Zwillingsschwester des Sonnengottes Apollo (der römischen Version des Helios) wurde sie mit dem Mond assoziiert, der für Fruchtbarkeit und Geburt verantwortlich war.

## MONDGÖTTINNEN DER NATIVE AMERICANS

Wie wir gesehen haben (siehe Seiten 28 bis 33), weisen Native Americans dem Mond eine besondere Bedeutung zu. Ihr tiefer Respekt und ihre Verbindung mit der Natur passten sich an die Mondphasen an, die ihr tägliches Dasein lenkten. Er ist ein Symbol für Schutz und Gelassenheit und wird auch in Verbindung mit Mondgöttinnen verehrt.

**Komorkis:** Die vom Volk der Blackfoot verehrte Komorkis ist die Frau des Sonnengottes Natosi und Mutter der Sterne.

**Hanwi:** Diese Göttin der Oglala Sioux soll mit dem Sonnengott Wi gelebt zu haben. Er war mit ihr unzufrieden und zwang sie, ein Geschöpf der Nacht zu werden.

## CHINESISCHE MONDGÖTTINNEN

Seit Jahrhunderten versammeln sich die Chinesen im Herbst, um für die Ernte zu danken. Heute feiern sie das berühmte Mittherbstfest oder Mondfest, das am fünfzehnten Tag des achten Vollmondes stattfindet, wenn der Mond am größten und hellsten am Himmel ist. Bei der Feier geht es um die Legende der Mondgöttin Chang'e. Bunte Laternen und leckere Mondkuchen runden das Fest ab.

**Chang'e:** Nachdem sie das magische Elixier der Unsterblichkeit getrunken hatte, um es vor den Händen des Bösen zu retten, stieg die schöne Chang'e in den Himmel auf und wählte den Mond als ihr neues Zuhause. Wenn man genau hinschaut, heißt es, kann man sie dort noch sehen.

**Kuan Yin:** Die buddhistische Göttin des Mondes, des Mitgefühls und der Heilung.

## AZTEKISCHE MONDGÖTTIN

Die Azteken machten ziemlich ausgeklügelte Himmelsbeobachtungen. Wie andere Kulturen auch verwendeten sie Mythen und Geschichten, um die Phänomene zu erklären, die sie sahen.

**Coyolxauhqui:** Eine ziemlich grausame Geschichte von der Entstehung des Mondes: Coatlicue (Göttin des Lebens und des Todes) hatte eine Tochter, Coyolxauhqui,-und 400 Söhne! Als Coatlicue auf mysteriöse Weise schwanger wurde, fiel sie bei ihren Kindern in Ungnade. Coyolxauhqui überredete ihre Brüder, ihre Mutter zu töten, aber deren ungeborenes Kind, Huitzilopochtli (der Sonnengott), erfuhr von der Verschwörung, sprang als Erwachsener aus ihrem Bauch und tötete seine Schwester Coyolxauhqui. Er schnitt sie in Stücke und warf ihren Kopf in den Himmel, wo er jetzt als Mond hängt.

## MONDGÖTTIN DER MAYA

Das Volk der Maya hatte keinen Mangel an Göttinnen und Göttinnen, die sie um Hilfe bitten konnten. Mehr als 250 von ihnen waren in alle Aspekte des täglichen Lebens involviert, von der Geburt bis zum Tod.

**Ixchel:** Die Göttin Ixchel, der »Regenbogen«, war unter anderem Göttin des Mondes, der Liebe und Schwangerschaft und brachte Regen für die Ernte. Ihre Schönheit und Weiblichkeit verliehen ihr den Status einer Mondgöttin. Sie stellte sich mit Anmut und Ausdauer vielen Herausforderungen im Leben und erinnert uns an unsere Macht, Verantwortung zu übernehmen und sich dem zu stellen, was kommt.

## INDISCHE MONDGÖTTIN

Wie überall auf der Welt fanden auch die alten indischen Völker Trost und Heil im hellen Licht des Mondes. Dieses Licht war jedoch nicht konstant wie das der Sonne und stellte die Wiedergeburt und die Welt der Seelen der Vorfahren dar.

**Candi:** Candi war das weibliche Gegenstück Chandras, die beiden wechselten sich monatlich in der Rolle des Mondes ab.

# ÄGYPTISCHE MONDGÖTTINNEN

Die Anzahl der alten ägyptischen Götter und Göttinnen war beeindruckend – insgesamt mehr als 2 000 Gottheiten wohnten im ägyptischen Pantheon. Die ägyptische Kultur drehte sich um die Feier und Integration dieser Kräfte in den Alltag der Menschen, die sich im Jenseits fortsetzte.

**Isis:** Diese mächtige, intuitive und weithin verehrte Göttin war nicht nur eine Mondgottheit, sondern auch eine vielseitige Sonnengöttin. Sie wurde als Mutter und Fruchtbarkeitsgöttin verehrt.

**Sefkhet oder Seshat:** Diese alte ägyptische Mondgöttin wurde auch als Göttin der Zeit, der Architektur und der Sterne verehrt. Einige glauben, dass sie die Frau von Thoth war, einem der wichtigsten Götter des alten Ägypten und Schöpfer des Alphabets.

# HEIDNISCHE UND KELTISCHE MONDGÖTTINNEN

Die Kelten und Druiden haben eine lange zurückreichende Verbindung mit der Natur und eine tiefe Verehrung für sie und alte Überlieferungen und Weisheiten.

**Arianrhod:** Der schöne Name dieser Mondgöttin bedeutet »Silberrad« – eine treffende Beschreibung des Mondes, der ins Meer hinabsteigt. Sie galt als Göttin für Fruchtbarkeitsprobleme und Wiedergeburt.

**Cerridwen:** Die alte Frau. Obwohl sie als Göttin der Dunkelheit mit dem abnehmenden Mond verbunden war, bewahrte Cerridwen den Kessel der Weisheit.

**Epona:** Diese Pferdegöttin wurde mit der Nacht und den Träumen assoziiert. Legenden erzählen vom Klang der Hufschläge ihres Pferdes, als sie nach Westen ritt, um den Strahlen der aufgehenden Sonne zu entkommen.

**Rhiannon:** Als Mondgöttin, deren Name »Königin der Nacht« bedeutet, regierte Rhiannon über Fruchtbarkeit und Tod.

## NORDISCHE MONDGÖTTINNEN

Ein Blick auf die Göttinnen der nordischen Mythologie, spiegelt die matriarchalen Rollen der Zeit wider. Diese Weisheit ist heute genauso relevant für die Rolle einer Mutter, Pflegeperson oder Betreuerin.

**Elle:** Als alte Frau dargestellte Figur war sie alles andere als schwach. Sie soll sogar Thor in einem Ringkampf besiegt haben. Sie galt als Göttin der Stärke und des Selbstvertrauens.

**Freya:** Freya war keine gewöhnliche Göttin und belegte eine bedeutende Position in der Rangordnung der Götter. Sie wurde für ihre Schönheit verehrt und hatte unter anderem Macht in den Bereichen Liebe, Reichtum, Fruchtbarkeit und Magie.

**Frigg:** Zu ihren bedeutenden Pflichten gehörte es, Göttin der Ehe, Geburt, Mutterschaft, Weisheit und Weberei zu sein. Ihr Name bedeutet »Liebe«. Sie symbolisiert die häusliche Beschaulichkeit.

# WICCA UND MODERNE MONDMAGIE

Einfach ausgedrückt ist Wicca eine ziemlich moderne, auf der Natur basierende heidnische Religion, die auf alten vorchristlichen religiösen Überzeugungen basiert. Der Mond repräsentiert die weibliche Göttin, als Symbol der Erde und der Fruchtbarkeit.

In der Praxis der Wicca-Magie geht es darum, universelle Energien zu schöpfen und zu lenken, um mit der Natur gemeinsam an der Umsetzung unserer Pläne zu arbeiten. In Festlichkeiten vereinigen sich die Anhänger mit den natürlichen Rhythmen der Jahreszeiten und mit der Natur. Wicca ist in Ihnen, Sie können »es« außerhalb von sich nicht finden, Sie müssen nach innen schauen.

Wicca bedeutet viel mehr als »Zaubersprüche«. Es ist ein Leben voller Ziele, ausgerichtet auf die Natur und ihre Energien, dadurch geschieht die wahre Magie und das Leben fließt. Zaubersprüche sind nur ein Werkzeug. Die Magie liegt in ihrer fokussierten Energie, basierend auf unseren Zielen.

Das Pentagramm, ein Symbol für Wicca und Hexerei, repräsentiert die Elemente und den Geist der Natur.

- An der Spitze ist der Geist, der uns mit der Energie verbindet, die uns und die Natur durchdringt, unser höheres Bewusstsein.

- Der nächste Punkt im Uhrzeigersinn stellt die Erde (Richtung Norden) dar. Sie erdet uns, unterstützt uns und teilt ihre Weisheit mit uns.
- Weiter im Uhrzeigersinn findet man am nächsten Punkt die Luft (im Osten), die Neuanfang, neue Ideen und Gedanken symbolisiert.
- Danach kommt (gegen Süden) das Feuer mit seiner Leidenschaft, seinem inneren Licht, Ziel und Sehnsucht.
- Der letzte Punkt auf dem Stern (Richtung Westen) steht für Wasser, den riesigen Ozean, der Heilung bringt und unser Unterbewusstsein und unsere Träume anspricht.

Eines der wichtigsten Feste für die Anhänger von Wicca ist Esbat. Es wird normalerweise während eines Vollmondes abgehalten (obwohl auch in anderen Phasen gefeiert werden kann), um die Mondgöttin zu ehren und mit ihrer erhöhten Energie zu arbeiten und die Absichten zu bekräftigen. Meist wird in der Gruppe gefeiert, man kann es aber auch alleine tun..

Selbst wenn man kein praktizierender Wicca ist, kann man die Zeremonie mit einer Gruppe gleichgesinnter Freunde zu Ehren der Mondgöttin durchführen.

## *DAS ESBAT-RITUAL*

Bevor Sie beginnen, sollten Sie wissen, dass es keine Regeln gibt, außer *niemandem zu schaden.*

Errichten Sie einen Altar (ein Platz, der als visuelle Erinnerung und als Ort für die Konzentration der Energie genutzt wird; siehe

Seite 138) nach Möglichkeit im Licht des Vollmondes mit allen Utensilien (Kerzen, Kristalle, Naturgegenstände, Fotos usw.), die Sie brauchen. Jeder Teilnehmer kann etwas beitragen. Der Altar kann etwas so Simples wie ein Schuhkarton sein (wenn Sie Kerzen anzünden wollen, sollten Sie lieber etwas anderes nehmen) oder ein kleiner Tisch, nach Bedarf auch größer.

Versammeln Sie Ihre Gruppe um den Altar, um einen heiligen Raum zu schaffen, wo die Göttin verehrt wird. Dieser Raum ist normalerweise ein Kreis – eigentlich eine Energiesphäre. Bilden Sie den Kreis, indem Sie einander die Hände reichen und im Kreis stehen oder sitzen, oder zeichnen Sie mit dem Finger einen Kreis in den Raum. Jeder »im« Kreis trägt zu dessen Energie bei. Den Kreis zu schließen bedeutet, sich mit den Energien der Erde und des Universums zu verbinden.

Laden Sie die Göttin in deinen Kreis ein. Von Neumond bis Vollmond (Wachstumsphasen) werden die Energien der Feier genutzt, um Dinge heranzuziehen. Während der abnehmenden Phasen nach Vollmond werden die Energien verwendet, um alles freizusetzen, was nicht mehr nützt. Wenn Sie mit dem Vollmond arbeiten, kann Ihr Ritual Gesänge, Gebete, Zaubersprüche, Segnungen oder einen einfachen Tanz als Kreis, der sich im Uhrzeigersinn bewegt, beinhalten. Warum im Uhrzeigersinn? Die sich im Uhrzeigersinn drehende Energie bringt Dinge herbei, gegen den Uhrzeigersinn hält sie sie fern.

Die Esbat-Zeremonie kann manchmal das Herabziehen des Mondes beinhalten. Im Wesentlichen handelt es sich um eine symbolische Aktivität, die auch das Kuchen- und Ale-Ritual umfasst.

Der Gruppenleiter füllt einen Kelch oder eine andere Tasse mit Flüssigkeit – was Sie gern mögen oder was der Jahreszeit entspricht, zum Beispiel Limonade im Sommer, Apfelwein im Herbst, Champagner, wenn Sie einen besonderen Anlass feiern (dies ist der »Ale«-Teil des Rituals). Er hält den Kelch zum Mond, spricht ein Gebet und bittet die Mondgöttin, den Kelch mit ihrer Weisheit und Energie zu füllen. Der Kelch wird dann im Uhrzeigersinn im Kreis gereicht, damit jeder davon trinken kann. Dabei sagt man z. B.: »Mögest du niemals dürsten.«

Teilen Sie dann den »Kuchen«, der alles vom hausgemachten Vollkornbrot bis hin zu einfachen Keksen sein kann. Reichen Sie ihn wie den Kelch herum und sprechen Sie etwas wie: »Mögest du niemals hungern.«

Das Herabziehen des Mondes wird oft mit der Rezitation von *Charge of the Goddess* (etwa in der Version von Doreen Valiente) abgeschlossen.

Lösen Sie am Ende den Kreis auf oder gehen Sie gegen den Uhrzeigersinn, um seine Energie freizusetzen. Danken Sie dann der Erde für ihre Unterstützung und dem Mond für seiner Führung.

## WARUM EIN KREIS?

Der Kreis ist ein Symbol für den Lebenszyklus, die Ewigkeit und das Universum. Seit dem spiralförmigen Chaos, das am Anfang der Zeit herrschte, existieren überall in der Natur Kreise. Einige Beispiele sind die Erde und der Mond, die Ringe des Saturn, die Ringe eines Baumes, die Iris des Auges, Kräuselungen in einem Teich, der Blütenkopf einer Sonnenblume, das Auge eines Hurrikans, Regentropfen auf Rosen, unsere Fingerabdrücke – und diese Verbindung mit der Natur wird durch den heiligen Kreis gewürdigt.

# MONDMAGIE MIT KRÄUTERN UND NATUR

Jetzt ist es Zeit, die erhellende, heilende, energetisierende und magische Kraft des Mondes in unser Leben zu bringen. Mit Kräutern und der Natur selbst erforschen wir die Manifestation der Energie des Mondes, um unsere Intentionen und Handlungen zu verbessern. Die inneren Energien dieser »natürlichen« Werkzeuge helfen uns dabei, uns mit unserer Schwingungsenergie zu verbinden, sie zu stärken und uns mit dem Mond zu verbinden.

Sie brauchen bei all Ihren »magischen« Aktivitäten keine besonderen Hilfsmittel außer Ihrer Anwesenheit. Konzentrieren Sie sich darauf, Ihre Pläne in Einklang mit den Sie umgebenden natürlichen Rhythmen und den Sie leitenden Mondphasen zu machen. Alles andere trägt nur zur Stimmung bei. Verwenden Sie das, was Sie haben, kaufen Sie, was Sie noch brauchen, oder lassen Sie Ihre innere Göttin Ihre Gedanken leiten. Ihre eigene Intuition ist das beste Werkzeug in Ihrer magischen Tasche.

# HÄUFIGE KRÄUTER UND IHRE BEDEUTUNG

So wie Blumen ihre eigene Sprache haben, haben auch Kräuter etwas zu sagen, und diese Symbolik reicht oft Jahrhunderte zurück.

Während man fast jedes Kraut als Teil des Mondrituals verwenden kann, hilft es während seiner magischen Phasen, eines zu wählen, das unsere Absichten zu diesem bestimmten Zeitpunkt durch seine Bedeutung unterstützt.

In diesem Kapitel zähle ich einige allgemein verfügbare Kräuter auf. Sie können aber gerne auch andere versuchen, behalten Sie dabei aber immer Ihre Pläne im Auge.

Im Folgenden finden Sie einige Anregungen für die Verwendung von Kräutern während der vier Hauptphasen des Mondes, um seine inhärente Weisheit und Führung einzufangen und Ihre Ziele und Absichten umzusetzen. Wenn Sie mehr Erfahrung haben, können Sie auch die Auswahl an Kräutern erweitern und Ihre Arbeit während der weiteren monatlichen Mondphasen damit unterstützen. Es gibt kein Richtig oder Falsch, nur das, was man fühlt, braucht und will.

Hinweis: Die meisten Kräuter hier sind Küchenkräuter, aber nicht alle Kräuter eignen sich für den Verzehr. Bevor Sie sie in Tees, Tinkturen oder Speisen geben, sollten Sie sich sicherheitshalber mit Ihrem Arzt beraten.

**Angelika:** Heilung, Schutz

**Basilikum:** Reichtum, Mut, Bereitschaft zur Vergebung, gute Absichten

**Beifuß:** prophetische Träume, psychische Kräfte, Stärke

BEIFUSS

**Bockshornklee:** Geld

**Dill:** Glück, Macht gegen das Böse, Erhaltung

**Fenchel:** Mut, Verdienste

**Heidekraut:** Akzeptanz, Regen machen

**Jasmin:** Fülle, prophetische Träume

**Kamille:** langes Leben, Geld, Geduld, Schlaf

KAMILLE

**Kampfer:** Weissagung

**Knoblauch:** Exorzismus, Heilung, Schutz

**Koriander:** stille Reserven

**Kurkuma:** Klarheit, Reinigung

**Lakritz:** Treue, Liebe, Lust

**Lavendel:** Glück, Frieden, Tugend

LAVENDEL

MINZE

SENF

ROSMARIN

**Lorbeerblatt:** Reinigung, Stärke, Ruhm, Belohnung

**Minze:** Erfrischung, Reisen

**Mondraute:** Liebe, Geld

**Myrte:** Fruchtbarkeit, Treue, Liebe, Geld

**Oregano:** Substanz

**Petersilie:** Freude, Liebe

**Rosmarin:** Akzeptanz, Klarheit, Liebe, Erinnerung

**Salbei:** Unsterblichkeit, Weisheit

**Sandelholz:** Schutz, Spiritualität

**Schnittlauch:** Nützlichkeit

**Senf:** Fruchtbarkeit

**Thymian:** Aktivität, Mut

**Veilchen:** Glück, Frieden, Wünsche

**Weide:** Verzauberung, Liebe

**Zimt:** Fülle, psychische Kräfte, Spiritualität

**Zitronenmelisse:** Erfolg, Sympathie

# KRÄUTER UND MONDPHASEN

## NEUMOND

**Kräuter zur Inspiration und Motivation in einer Zeit, in der Energie aufgebaut wird und möglicherweise Anstoß braucht**

Erwägen Sie eine Mischung aus Zitronenverbene, Zitronenthymian und Ingwer oder versuchen Sie es mit energetisierender Pfefferminze.

## ZUNEHMENDER MOND

**Kräuter zum Reinigen von Geist (und Spinnweben) und zur Erholung, damit Sie sich auf den Job konzentrieren können**

Trinken Sie Kräutertee mit Rosmarin, Thymian, Ginseng oder Basilikum.

## VOLLMOND

**Kräuter, die gegen negative Emotionen und Ablenkung helfen, damit Sie ausgeglichen und fokussiert sind**

Mischen Sie Zitronengras mit Ingwer oder probieren Sie ein Gebräu aus Johanniskraut.

## ABNEHMENDER MOND

**Entspannende Kräuter entschleunigen, öffnen Geist und Herz, stärken die Intuition und machen empfänglich für Botschaften und Signale der Natur; eine Zeit der Vergebung.**

Lavendel und Kamille ziehen lassen und alle Sorgen vergessen.

# MEDITATION UND MONDMAGIE

Es ist allgemein bekannt, dass es gut für Herz, Geist und Seele ist, Zeit in der Natur zu verbringen. Das warme Sonnenlicht im Gesicht zu spüren, saubere, frische Luft einzuatmen, dem fröhlichen Chor der Frühlingsvögel zu lauschen und die blühenden Blumen in einem Garten zu riechen, sind alles Aktivitäten, die uns langsamer werden und mit einem beruhigenden Atemzug den Moment genießen lassen. Dies auf achtsame Weise zu tun, d. h. sich bewusst auf den Moment zu konzentrieren und alle Gedanken und Empfindungen wahrzunehmen, die uns begleiten, kann uns beruhigen und unser allgemeines Wohlbefinden verbessern. Das kann wiederum zu gesteigertem Selbstbewusstsein führen und ein zielgerichtetes Leben und Gefühl der Erfüllung fördern.

Alle Zyklen der Natur bieten großzügig ihre Gaben an. Die Kombination mit den magischen Phasen des Mondes hilft, unsere menschliche Existenz in heilige Sphären zu erheben. Öffnen wir unsere Arme für Mutter Mond und erlauben wir ihr, uns in ihre aufzunehmen.

## GRUNDLAGEN DER MEDITATION

Meditieren bedeutet, sich in Kontemplation oder Reflexion zu begeben oder eine mentale Übung (wie Konzentration auf die Atmung oder die Wiederholung eines Mantras) auszuführen, um eine höhere Ebene des spirituellen Bewusstseins zu erreichen. Buddhisten, die seit Jahrtausenden meditieren, glauben, dass sie Konzentration, Klarheit, emotionale Positivität und die Ruhe entwickeln, die benötigt wird, um die Wahrheit zu sehen. Wenn wir uns konzentrieren, beseitigen wir die endlosen Listen, die durch unser Gehirn laufen, die Stress oder Sorge verursachen oder die es schwierig machen, uns zu konzentrieren und Entscheidungen zu treffen. Es gibt verschiedene Arten der Meditation. Ich meine hier die Form, die oft als achtsame Meditation bezeichnet wird, in der man nach gesteigertem Bewusstsein strebt, um im Moment zu sein und Gedanken, Gefühle und Empfindungen ohne vorgefasste Meinungen oder Urteile zu erleben.

Meditation ist eine Möglichkeit, Stress abzubauen und Angst zu reduzieren. Wenn Sie schon meditiert haben, konnten Sie das Positive erleben, das dies Ihrem Leben bringen kann. Wenn nicht, haben Sie nichts zu verlieren; es gibt kein Richtig oder Falsch, und es muss nicht viel Zeit in Anspruch nehmen. Es ist nicht erforderlich, sie zu Ihrer Mondmagie hinzuzufügen, aber sie bietet ein weiteres Mittel, Ihre inneren Gedanken und Gefühle anzusprechen, die zum Erreichen Ihrer Ziele beitragen können.

Regelmäßige Meditation kann zu einem verändernden Gefühl der Entspannung und Leichtigkeit führen. Zu lernen, seine Gedanken zu fokussieren, hilft, das Durcheinander zu beseitigen, das sich in unserem Gehirn ansammeln kann. Es hilft uns zu erkennen, was wichtig ist.

Meditation soll zu insgesamt verbessertem körperlichem und geistigem Wohlbefinden beitragen, einschließlich der Entwicklung einer neuen Perspektive auf Stresssituationen, der Reduzierung negativer Emotionen und Reaktionen, der Förderung von Kreativität und Akzeptanz, geringeren Schmerzen und vermehrtem Glück. Meditation kann auch helfen, unsere Intuition zu entwickeln, was für alle magischen Aktivitäten hilfreich ist.

Man braucht nicht viel zum Meditieren, keine schicke Ausrüstung, nur einen ruhigen Raum (im Freien inmitten der Natur ist eine gute Option), eine bequeme Position und einen offenen Geist und vielleicht einen sanften Wecker, wenn man die Meditation zeitlich begrenzen will. Machen Sie das so schön, wie Sie möchten, mit ätherischen Ölen, Kristallen, Kerzen, anderen Ritualen usw. oder ganz einfach nur mit Atmen. Machen Sie es jedenfalls regelmäßig und stressfrei. Ohne Regeln.

- Setzen Sie sich bequem hin, schließen Sie die Augen, um Ablenkung zu vermeiden.
- Atmen Sie ganz natürlich durch die Nase ein und aus, konzentrieren Sie sich auf jedes Ein- und Ausatmen. Atmen Sie sanft und natürlich und entspannen Sie sich.

- Wenn Sie sich auf das Atmen konzentrieren, können Ihre Gedanken abschweifen. Richten Sie Ihre Aufmerksamkeit wieder auf Ihren Atem und konzentrieren Sie sich weiter.
- Sie können auch Ihren Körper scannen, indem Sie Ihre Aufmerksamkeit jeweils auf einen Körperteil konzentrieren, bevor Sie zum nächsten gehen. Beginnen Sie an den Zehen und gehen Sie nach oben bis zur Kopfhaut. Wenn sich ein bestimmter Körperteil angespannt oder schmerzhaft anfühlt, konzentrieren Sie Gedanken und Atmung auf diesen Teil, bis er entspannt ist, bevor Sie zum nächsten gehen. Auch hier gilt: Wenn Ihre Aufmerksamkeit abweicht, richten Sie den Fokus sanft neu aus und machen Sie weiter.

## MIT DEM MOND MEDITIEREN

Meditation kann auf vielfältige Weise in unsere Mondmagie-Praxis integriert werden. Machen Sie es individuell und mit Freude! Hier einige Ideen.

- Laden Sie Ihre Lieblings-Mondgöttin zur nächsten Meditation ein und konzentrieren Sie sich auf ihre Qualitäten (siehe Seite 40).
- Legen Sie einen Kristall, mit dessen Energien Sie arbeiten möchten, beim Meditieren neben sich (siehe Seite 62).
- Zünden Sie eine Kerze an und zerstäuben Sie ätherische Öle, um die Stimmung zu verbessern. Stellen Sie einen sanften Wecker ein, damit die Kerze nicht ganz abbrennt, und halten Sie sicherheitshalber etwas zum Löschen bereit.
- Nutzen Sie die nächste Meditation, um sich auf ein Problem zu konzentrieren und Ihre Gedanken zu klären.
- Meditieren Sie über ihre Pläne und über das erwünschte Ergebnis.
- Meditieren Sie unterm nächsten Vollmond, um die größten Vorteile in Bezug auf universelle Energien zu erlangen.

- Wenn Sie über ein Problem Tagebuch geführt heben, meditieren Sie darüber, was davon am meisten mitschwingt.
- Meditieren Sie beim Mondbaden (siehe Seite 126), um zum ultimativen Reinigungs- und Entspannungserlebnis zu kommen.
- Meditieren Sie jeden Abend fünf Minuten lang, um dem Mond für seine magische Energie und für den vergangenen Tag zu danken.
- Meditieren Sie, um Einsicht und Ruhe zu finden, wenn Ihr Mondzyklus Sie gerade durch unruhige Pfade führt.

# MONDMAGIE MIT KRISTALLEN UND EDELSTEINEN

Vor Jahrtausenden im Herzen der Erde entstanden, absorbieren und emittieren natürliche Kristalle und Edelsteine Energien und Botschaften, die von Sonne, Mond und Ozeanen gesendet werden. Sie helfen uns, unsere persönliche Schwingung zu verstärken und unsere psychischen und intuitiven Kräfte zu verbessern. Sie enthalten den natürlichen Puls, den Atem der Erde, und sprechen zu uns, wenn wir zuhören. Kristalle und ihre Energien mit unserer Mondarbeit zu verbinden, verstärkt seine Botschaften und Energien.

Wenn wir unsere Energien und Absichten auf unsere Kristalle konzentrieren, halten die Kristalle sie dort im Inneren und erinnern uns durch ihre Anwesenheit an das, was uns wichtig ist.

Zusätzlich zu dem inhärenten Feuer und der Schönheit, die wir in Kristallen und Edelsteinen finden, bringen sie jeweils ihre einzigartige Kraft und Energie, Heilkraft und Bedeutung mit. Wählen Sie diejenigen, mit denen Sie arbeiten, basierend auf Ihren gewünschten Absichten aus, was bedeutet, dass sie sich mit Ihnen ändern werden, oder verwenden Sie sie nur, weil Sie sie mögen und sie vielleicht »schwingen« spüren. Vielleicht erleben Sie die besondere Kraft Ihres Geburtssteins oder die unerwartete Verbindung mit einem bestimmten Stein, der Ihnen geschenkt wurde. Groß oder klein, es spielt keine Rolle. Und sie müssen nicht teuer sein. Viele davon sind leicht verfügbar.

# KRISTALLE, EDELSTEINE, UND MONDMAGIE

Sehen wir uns einige wichtige Kristalle an, die Sie in Ihre Mondrituale integrieren können, insbesondere Mondstein, Bergkristall, Selenit, Moldavit, Citrin, Tigerauge, grüne Jade, Rosenquarz und Himalayasalz, sowie die Eigenschaften der traditionellen Geburtssteine. Wenn Sie mehr darüber wissen wollen, können Ihnen einige der zahlreichen Bücher zum Thema helfen, Ihre Sammlung zu erweitern.

## ANLEGEN ODER MITTRAGEN

Ob Sie Ihre Kristalle roh oder poliert oder facettiert als Schmuck anlegen oder nur so bei sich tragen, ist Geschmacksache. Oder legen Sie sie einfach in Ihre Nähe auf Ihren Schreibtisch, in den Raum, in dem Sie meditieren oder schlafen, oder auf eine Fensterbank, um sich vor negativen Energien zu schützen, die in Ihren Raum eindringen. Sie werden da sein, wenn Sie sie brauchen. Lernen Sie die grundlegenden Eigenschaften jedes Kristalls kennen und wählen Sie diejenigen aus, mit denen Sie sich »in Einklang« fühlen.

# MONDSTEIN

## BESTE MONDPHASE: ALLE

Der Mondstein, von dem man einst glaubte, dass er von den Mondstrahlen stammt, hilft bei der Abstimmung der natürlichen Gezeiten der Mondenergie mit unserem eigenen natürlichen Rhythmus. Dieser Stein passt zu jemandem, der von starken Emotionen erschüttert wird und Ruhe und Ausgeglichenheit sucht. Er ist auch ein Stein der Nachdenklichkeit und hilft uns, nach innen zu schauen und Vergebung zu finden. Mondstein wird unter Licht lebendig, so wie unsere Intentionen im Licht und in der Energie des Mondes. Da der Mondstein ein Stein des Neuanfangs und der Fruchtbarkeit ist, ist der Neumond eine besonders fruchtbare Zeit, um ihn in unsere magischen Mondrituale zu integrieren. Er ist oft mit den Wasser-Sternzeichen verbunden (siehe Seite 92).

Geben Sie Ihren Mondstein in ein Glas Wasser. Halten Sie ihn zum Mond, sprechen Sie leise oder laut:

*Ob Ja, ob Nein; ob Stopp, ob Go,*
*Möge das leuchtende Licht tanzen und erfreuen,*
*Dass sich Frieden und Glück entfalten.*

Nehmen wir uns Zeit, dankbar zu sein für das, was wir haben, und freuen wir uns auf das, was kommen wird.

## BERGKRISTALL

### BESTE MONDPHASE: VOLLMOND

Der Bergkristall ist ein extrem leistungsstarker Kristall, d. h. dass er alles aufnehmen kann, was wir ihm anvertrauen. Seine kraftvollen Energien sind besonders während eines Vollmondes hilfreich, aber beschränken Sie Ihre Interaktionen mit ihm nicht darauf. Seien Sie in Ihren Absichten klar, wenn Sie mit klarem Quarz arbeiten, dann wird er sie vollständig absorbieren. Hören Sie auf die Schwingungen seiner Energie. Dank seiner Vielseitigkeit kann dieser Kristall allen Sternzeichen (siehe Seite 96) zur Bekräftigung von Intentionen und zur Abwehr negativer Energien nützlich sein. Es ist auch der Kristall der Weisheit.

Suchen sie Hilfe bei der Macht des Bergkristalls, wenn Möglichkeiten im Überfluss vorhanden und Entscheidungen schwierig sind. Halten Sie den Kristall und spüren Sie seine Wärme und Energie, vereinigen Sie sich mit der Energie des Mondes, um Ihren Fokus zu verstärken. Sprechen Sie leise oder laut:

*In diesen Zeiten muss ich entscheiden muss, was richtig und wahr ist.*
*Mond, hilf mir mit Kristallblick, führe mich dabei.*
*In Stille warte ich jetzt, meine Muse zu hören.*

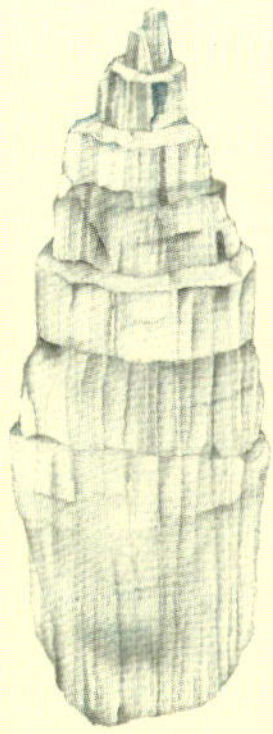

## SELENIT

### BESTE MONDPHASE: NEUMOND UND VOLLMOND

Der Name Selenit erinnert an die griechische Mondgöttin Selene. Dieser heilende und schützende Kristall ist leicht zu bearbeiten und nützt allen. Er hilft, negative Energien zu verschieben, den Körper wieder ins Gleichgewicht zu bringen und sich mit höheren Beschützern zu verbinden. Eine einfache Anwendung ist, einen Raum oder sich selbst damit zu bestreichen (siehe Seite 116), um alle negativen Energien in der Nähe zu löschen oder freizugeben. Seine reinigenden Energien sind besonders effektiv, wenn sie mit denen des Neumondes und Vollmondes kombiniert werden, um neu anzufangen und den Weg klar zu sehen. Selenit soll auch Ehrlichkeit, Wahrheit und gute Beziehungen fördern. Er passt besonders zu Stieren (siehe Seite 96).

Integrieren Sie Selenit in alle Rituale, die Sie durchführen, um den Weg für positive Energien frei zu machen.

*Wenn Zweifel und Angst aufkommen, fege Schatten aus der Tür.*
*Niemand wird in deiner heilenden Aura Schaden nehmen.*
*Mit dem Mond und dem Kristall fühle ich mich stark und in mächtig.*

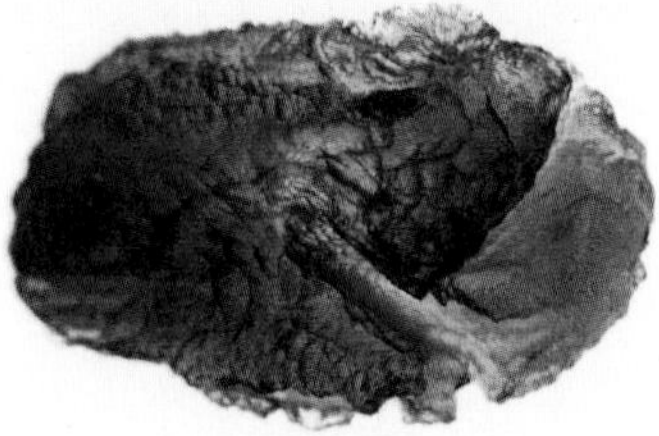

## MOLDAVIT

### BESTE MONDPHASE: VOLLMOND

Ein wahrer Stern ist geboren! Moldavit gehört zu den seltensten Materialien der Erde. Dieser hoch schwingende Kristall, der als glasähnlicher Schmuck verwendet wird, entstand vor etwa fünfzehn Millionen Jahren aus einer gewaltigen Meteoritenkollision. Das einzige Vorkommen dieses Steins liegt in der Tschechischen Republik, in der Nähe des Flusses Moldau (daher der Name). Seine Energien sollen Heilung bringen, insbesondere den Geist und das Herz verbinden, intuitive Fähigkeiten fördern oder erhöhen, schnelle Veränderungen bewirken und Energie steigern. Da es von den Sternen stammt, kann jedes Sternzeichen davon profitieren.

Die ungeheure Intensität von Moldavit macht es besonders für die Meditation als Teil der Mondrituale geeignet. Seine extreme Schwingungsenergie kann vertiefte Erfahrungen bringen und helfen, gewünschte Veränderungen einzuleiten.

*Stein geboren aus dem Himmel, leite meinen irdisches Sein.*
*Mondstrahlen, getragen durch Dunkelheit, erleuchtet sanft meinen Weg.*
*Bringe die Veränderung, die ich suche, oder ändere meine Gedanken.*
*Dass Herz und Geist erahnen, wie ich im Leben spielen soll.*

# CITRIN

## BESTE MONDPHASE: NEUMOND, ZUNEHMENDER MOND UND VOLLMOND

Dieser hübsche, sonnige Stein weckt Optimismus und zieht Wohlstand an. Neugewonnenes oder vermehrtes Vermögen kann ausgegeben, aber auch in ein glückliches und gesundes Leben investiert werden. Die Neumond- und Vollmond-Phasen von Neubeginn und Fülle sind perfekte Zeiten, um Citrin in unsere Rituale aufzunehmen.

Konzentrieren Sie kurz Ihre Intentionen auf das Citrin. Tragen Sie es den gesamten Mondzyklus bei sich, egal ob in der Brieftasche, auf dem Schreibtisch oder als Schmuck. Sprechen Sie leise oder laut:

Für Gesundheit:

*Großzügiger, reicher, freudvoller Mond, bereichere mein Leben.*
*Mein glückliches Ich wird reicher sein ohne Streit.*

Für Reichtum oder zumindest Einkommenssteigerung:

*Vollmond, Reichtum ist das, was ich suche, für Familie, Freunde und mich.*
*Wirf dein Licht auf meine Bitte, auf dass ich reich sein kann.*

Nehmen Sie sich Zeit, um dankbar für die Reichtümer zu sein, die derzeit in Ihrem Leben reichlich vorhanden sind.

# TIGERAUGE

## BESTE MONDPHASE: ZUNEHMENDER MOND

Das Tigerauge soll die Fähigkeit verleihen, zu sehen, zu beobachten und zu empfinden und unterschiedliche Ansichten in ein harmonisches Bild zu bringen – eine andere Sicht auf ein Problem. Es löst Angst, vermittelt Selbstvertrauen und den Willen, etwas durchzuziehen. Die Energien des Tigerauges richten sich natürlich auf die Phase des zunehmenden Mondes aus, wenn sich Energie und Spannung aufbauen und größere Klarheit eine andere Perspektive bieten kann. Steinböcke mit ihrer intensiven Produktivität werden diesen Stein nützlich finden.

Halten Sie das Tigerauge und sprechen Sie laut oder leise:

*Helles und glänzendes Tigerauge, leihe mir deine Kraft*
*Um die Ecken zu sehen und zu wissen, dass es Zeit ist*
*Wenn Planung und Handeln zusammenkommen und*
*Großen Mut und Weisheit erfordern, um Wünsche zu erfüllen.*

## GRÜNE JADE

### BESTE MONDPHASE: ALLE

Grüne Jade bringt Reichtum, Wohlstand, besonders viel Glück und soll das liebende Herz schützen. Sie können die grüne Jade in jeder Mondphase anrufen, zur Verwirklichung Ihrer Intentionen hilft sie aber vor allem im Vollmond. Waagen werden diesen Stein besonders reizvoll finden.

Halten Sie grüne Jade und sprechen Sie leise oder laut:

*Man sagt, dass Jade fürs Glück gemacht ist; der Mond nickt: »Ich stimme zu.«*
*Es ist Glück, nicht Zufall, was ich brauche. Also hilf mir, bitte*
*Dass mit deiner Hilfe gutes Karma anklopft und dass »im Glück« ich sein darf!*

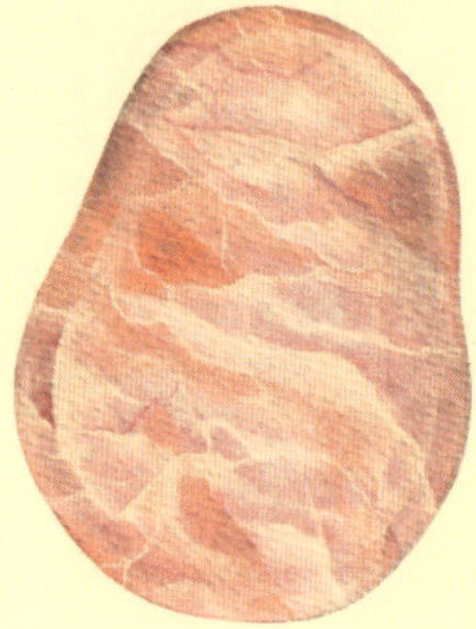

## ROSENQUARTZ

### BESTE MONDPHASEN: ZUNEHMENDER UND ABNEHMENDER MOND

Rosenquarz ist der Stein der bedingungslosen Liebe zu sich selbst und zu anderen. Das ist ein weiterer großer Stein für Waagen, aber wir alle brauchen Liebe und Selbstliebe ist der Beginn. Gute Schwingungen ziehen gute Schwingungen an und können Ihre romantischen Träume wahr werden lassen. Rosenquarz wird am besten während der abnehmenden Mondphase verwendet, er fördert Gefühle von Liebe und Dankbarkeit am Ende des Mondzyklus.

Tragen Sie einen Rosenquarz bei sich und nutzen Sie ihn, um die liebende Energie des Mondes zu kanalisieren, wenn Sie sie brauchen. Zur Verstärkung können Sie leise oder laut sagen:

*Liebende Wärme von oben, schau freundlich auf mein Herz.*
*Sende mir deine liebevolle Umarmung und deine beruhigenden Worte.*
*Zeig mir den Weg zum größten Geschenk, der Liebe.*

# HIMALAYASALZ

## BESTE MONDPHASE: NEUMOND

Himalayasalz ist eigentlich ein Kristall, durchdrungen von uralten Schwingungsenergien der Ozeane und der Erde, wo es vor mehr als 250 Millionen Jahren entstand, ein mächtiges Werkzeug, um unsere persönlichen Schwingungen zu verstärken. Es enthält mehr als achtzig Spurenelemente und Mineralien, die unser Körper braucht. Seine Schwingungseigenschaften sind ähnlich wie Rosenquarz und es bietet Reinigung und Schutz vor negativen Energien. Bekannt für seine heilenden Eigenschaften, ist Himalayasalz ein wahres Geschenk von Mutter Natur.

Ob auf hausgemachten Plätzchen, am Rand eines Margaritaglases oder im Badewasser (siehe Seite 126), Himalayasalz ist mit der Kraft der Erde und der Weisheit des Mondes ein magisches Mittel zur Beruhigung. Welches Ritual Sie auch wählen, schauen Sie zum Mond und sprechen Sie leise oder laut:

*Heile, schütze und energetisiere dieses Salz der Erde.*
*Das Leben schmeckt am besten frisch und neu, wenn jeder Tag geliebt wird.*
*Ich höre die Musik lachen und spielen, eine Botschaft des Mondes:*
*Sie sagt, zögere nicht, tanze zur süßen Melodie des Lebens und der Liebe.*

# ENERGIEN DER GEBURTS-STEINE UND MONDMAGIE

Die Integration Ihres Geburtssteins in die Kristallarbeit erhöht zusammen mit der Kraft der Mondphasen die guten Schwingungsenergien, die Sie dann stärker wahrnehmen können. Das Tragen Ihres Geburtssteins soll Glück und Gesundheit bringen. Die folgende Liste basiert auf den traditionellen Steinen, die mit jedem Geburtsmonat verbunden sind, und einigen Vorschlägen, wie deren Energien Ihre Mondmagie unterstützen können.

## AUFLADEN IM VOLLMOND

So wie wir Zeit brauchen, um unsere Energien wieder aufzuladen oder uns zu erholen, wie in einem guten Schlaf, einem erholsamen Urlaub oder einfach nur in Zeit für uns, tun das auch Kristalle. Sie müssen sie aber nicht in Urlaub mitnehmen; laden Sie sie einfach im magischen Vollmondlicht auf, oder legen Sie sie in über Nacht in ein Glas Wasser (nur diejenigen, die wasseraffin sind) und lassen Sie sie mit einer Prise Himalayasalz im Mondlicht baden. Es gibt keine Richtlinie dafür, wie oft man das tun soll. Man spürt, wenn sie eine Reinigung brauchen, wenn man regelmäßig mit ihnen arbeitet. Platzieren Sie sie also dort, wo sie die Energie aus dem Licht des Vollmondes absorbieren können, und sie werden wieder einsatzbereit sein, wenn sie vollständig aufgeladen sind.

## JANUAR
### GRANAT

**Bedeutung:** Der Granat soll seinen Träger auf Reisen schützen.
**Energie:** Kraftvoll energetisierend und revitalisierend, reinigt er und bringt Liebe und Hingabe.

Halten Sie einen Granat und sprechen Sie:
*Wenn Fernweh zuschlägt und du reist, musst du Granat bis zum Ende der Reise zur Hand haben. Von Anfang bis Ende wirst du nach Hause geleitet und klüger als zuvor sein.*

## FEBRUAR
### AMETHYST

**Bedeutung:** In einer Zeit, als er nur Königen zur Verfügung stand, glaubte man, dass dieser Stein Beziehungen aufbauen könne. Es soll auch vor Rausch schützen (vielleicht eine gute Wahl für die Moon Dance Party!).
**Energie:** Amethyst hat eine stark heilende/beruhigende Schwingung, stärkt die innere Kraft und bietet spirituellen Schutz.

Halten Sie einen Amethyst und sprechen Sie:
*Vertreibe Sorgen und Zweifel, egal woher,*
*Mit Amethyst getragen, nah am Herzen.*
*Ein Blick und du wirst wissen, dass die wahren Reize dieser Farbe darin liegen, die Dämonen zu zähmen und den Geist zu heilen.*

## MÄRZ

AQUAMARIN

**Bedeutung:** Das Trinken von Wasser, in das dieser Stein getaucht wurde, soll Herz-, Leber- und Magenbeschwerden heilen.
**Energie:** Aquamarin hilft Ärger zu beseitigen, Stress abzubauen und gibt Mut, das anzunehmen, was uns das Leben gibt.

Halten Sie einen Aquamarin und sprechen Sie:
*Wenn das Leben krumme Wege geht, denke daran, zu atmen, und greife nach diesem Stein mit seinem wässrigen Glanz. Stell dir vor, du schwebst über all dem Getümmel, bis du stille Wasser erreichst, wo du sicher bleiben kannst.*

## APRIL

DIAMANT

**Bedeutung:** Dieses Symbol der ewigen Liebe soll Mut vermitteln (macht Sinn, denn beides passt zusammen). Ein Diamant, der nur wegen seiner Wirkung oder aus Prestige getragen wird, bewirkt in der Liebe jedoch das Gegenteil.
**Energie:** Als natürlicher Verstärker physischer und spiritueller Energien muss dieser Stein nie aufgeladen werden.

Halten Sie einen Diamanten und sprechen Sie:
*Ein Diamant leuchtet hell, sein Funkeln, bringt deine einzigartige Schönheit zur Geltung. Sende mit seinem Glanz deine Botschaft der Liebe oder suche in seinem Schein die Essenz der Wahrheit.*

## MAI

### SMARAGD

**Bedeutung:** Der Smaragd ist ein Zeichen von Weisheit, Wachstum und Geduld.
**Energie:** Dieser Stein hilft negative Energie zu vertreiben und öffnet das Herz für Liebe und für die Kraft der inneren Stärke.

Halten sie einen Smaragd und sprechen Sie:
*Wenn wir bestrebt sind, die nächste Phase zu erreichen, sollen die Reize des Smaragds uns den Weg weisen.*

## JUNI

### PERLE

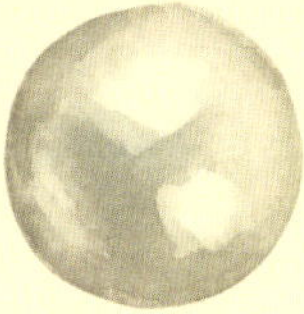

**Bedeutung:** Die Perle ist das traditionelle Symbol für Reinheit und innere Weisheit.
**Energie:** Perlen sind zwar keine Kristalle, können aber getragen werden, um Loyalität, Wahrheit und Aufrichtigkeit zu verstärken.

Halten Sie eine Perle und sprechen Sie:
*Der schimmernde Glanz einer Perle in der Hand. Die Weichheit, die Rundheit – Perfektion – erinnert an die höchste Liebe. Denn Liebe zu sich selbst und Wahrheit im Herzen sind in diesem Geschenk des Meeres zu sehen.*

## JULI
RUBIN

**Bedeutung:** Die rote Farbe des Rubins symbolisiert Liebe und Leidenschaft.
**Energie:** Die herrliche Farbe dieses Steins fördert Energie, Sinnlichkeit und Vitalität.

Halten Sie einen Rubin und sprechen Sie:
*Wenn leidenschaftliche Liebe die Luft erfüllt, entzündet sich des Rubins rote Farbe. Vorsicht! Andere können geblendet werden, wenn deine Energie die Nacht erhellt.*

## AUGUST
PERIDOT

**Bedeutung:** Der Peridot symbolisiert Stärke.
**Energie:** Dieser Stein bringt Frieden und Wohlstand.

Halten Sie einen Peridot und sprechen Sie:
*Grün bringt immer Glück, und das ist auch die Farbe des Peridots. Glück ist hier die Ruhe auf deinem Gesicht und Mut und Stärke in deinem Herzen.*

## SEPTEMBER

SAPHIR

**Bedeutung:** Der Saphir ist ein Symbol für Reinheit und Weisheit.
**Energie:** Die Energie des Saphirs hat beruhigende Wirkung. Arbeiten Sie damit, um den Glauben an sich selbst zu stärken und Ihr Selbstwertgefühl zu erhöhen.

Halten Sie einen Saphir und sprechen Sie:
*Cool wie ein Stuhl – sagt man –, aber*
*Cool wie ein Saphir zu sein, kann den Tag erleichtern.*

## OKTOBER

OPAL

**Bedeutung:** Der Opal repräsentiert Treue und Vertrauen.
**Energie:** Dieser Stein fördert die Kreativität und strahlt eine schützende Aura aus.

Halten Sie einen Opal und sprechen Sie:
*Mit Farben, die im Licht leuchten, kein Wunder, dass dieser Stein Anklang findet. Ein Chamäleon, seine Reize verschieben und entwaffnen, sein Träger fühlt sich stark, frei und strahlend.*

## NOVEMBER

TOPAS

**Bedeutung:** Der Topas symbolisiert Liebe und Zuneigung.
**Energie:** Dieser Stein fördert Ehrlichkeit, innere Weisheit und Offenheit.

Halten Sie einen Topas uns sprechen Sie:
*Dieser goldfarbene Stein, so hell wie die Sonne,*
*kann deine Welt mit seinem Feuer erleuchten.*
*Hole dir alles, was du brauchst, wenn du diesen*
*Schatz trägst, Weisheit, Liebe oder Verlangen.*

## DEZEMBER

TÜRKIS

**Bedeutung:** Der Türkis soll Glück und eine gute Zukunft bringen.
**Energie:** Dieser heilende Stein erhöht Ihre spirituelle Einstimmung und fördert klare Kommunikation.

Halten Sie einen Türkis und sprechen Sie:
*Vollmond und Türkis harmonieren, um ein Lied*
*der Sirene zu singen. Höre zu!*
*Du wirst hören, was sie sagen, und dich im*
*Rhythmus der Botschaft wiegen.*

# MONDMAGIE MIT ÄTHERISCHEN ÖLEN UND KERZEN

Die beruhigenden, anregenden oder energetisierenden Düfte der ätherischen Öle und Kerzen können Ihrer Stimmung oder Ihren Zielen angepasst werden, Kerzen verleihen jedem Zauber oder Ritual eine vibrierende Farbkraft und Stimmung.

Ätherische Öle sind natürliche Öle, die die Essenz der Pflanze enthalten, aus der sie extrahiert wurden, wie z. B. Lavendelöl. Sie enthalten den Geschmack, das Aroma und die Energien der Pflanzen und sind vielseitig einsetzbar.

Beliebte Anwendungen sind das Inhalieren oder Diffundieren ihrer energetisierenden Wirkung auf Stimmung, Libido oder Kopfschmerzen. Reiben Sie sich damit ein, fügen Sie sie einem beruhigenden Bad hinzu oder tragen Sie sie mit Cremes und Ölen auf den Körper auf.

Wenn Sie Öle kaufen, haben Sie eine große Auswahl. Nehmen Sie reine Öle ohne Zusätze. Licht und Sauerstoff schaden den Ölen, lagern Sie sie in dunklen Glasflaschen an einem kühlen, dunklen Ort. Wenn Sie eine Veränderung des Öls bemerken, werfen Sie es weg.

Wie wir bei den Kräutern gelernt haben (siehe Seite 52), kann die Verwendung der natürlichen Eigenschaften und Energien ätherischer Öle mit den wechselnden Energien des Mondes für rituelle Arbeiten oder Zaubersprüche abgestimmt werden. Das Erreichen von Zielen beginnt damit, dass man seine Wünsche kennt und entsprechend anstrebt. Betrachten wir zunächst die Verwendungsmöglichkeiten ätherischer Öle in den vier Hauptphasen des Mondes. (Beachten Sie auch die Warnhinweise auf Seite 86.)

## NEUMOND

Nehmen Sie die inspirierenden und motivierenden Energien des Mondes zu einem Zeitpunkt auf, an dem sich die Energie gerade erst aufbaut und möglicherweise einen Anstoß braucht, um loszulegen. Es ist Zeit, Vertrauen in neue Initiativen zu schaffen. Zu den energiespendenden und motivierenden ätherischen Ölen gehören:

**Zedernholz**, um den Schlaf zu verbessern und Ihnen am nächsten Tag mehr Energie zu geben.
**Ingwer**, wegen seiner durchblutungsfördernden Eigenschaften und die Fähigkeit, das Energieniveau zu halten.
Sonnige **Zitrusfrüchte** wie **Orange** und **Grapefruit** als sofortige Muntermacher.
**Thymian**, der für seine antibiotischen Eigenschaften bekannt ist, kann auch negative Schwingungen abwehren und Ihre Stimmung sofort steigern.

## ZUNEHMENDER MOND

Klären und reinigen Sie den Geist und nähren und erneuern Sie Ihre Seele, damit Sie sich auf die anstehende Aufgabe konzentrieren können. Zu den reinigenden und vertrauensfördernden ätherischen Ölen gehören:

**Salbei**, gut für Reinigungsrituale und Entspannung geistige Müdigkeit.
**Zitrone**, gibt einen frischen, sauberen, energiespendenden Impuls.
**Limette**, fröhlich und frisch, soll den Geist reinigen und erneuern.
**Pfefferminze** mit ihrem bekannten stimulierenden Aroma hat eine kühlende Wirkung auf den Körper, die Schmerzen lindern kann.
**Rosmarin**, mit einem anregenden, belebenden Aroma, das das Gedächtnis verbessern und die Durchblutung anregen kann, sodass Sie bereit sind, die Welt oder zumindest Ihren kleinen Teil davon zu übernehmen!
**Grüne Minze**, ein etwas weicheres Aroma als Pfefferminze, kann Kopfschmerzen und Stress lindern. Passen Sie die erfrischenden Eigenschaften von Pfefferminze und grüner Minze Ihren Absichten in Bezug auf neue Ideen an.
**Virginisches Zedernholz**, das nach Wäldern riecht, kann helfen, Angst und nervöse Anspannung zu beruhigen und den Fokus zu erhöhen.

## VOLLMOND

Lassen Sie negative Emotionen los und vermeiden Sie Ablenkung, um ausgeglichen, konzentriert und zentriert zu sein. Das ist auch eine Zeit zum Feiern und Danken. Ätherische Öle zum Ausgleichen und Erden umfassen:

**Weihrauch**, aus Baumharz,das seit der Antike für zahlreiche Zwecke verwendet wird, aber häufig mit spiritueller Arbeit verbunden ist. Sein süßes, frisches, etwas würziges Aroma beruhigt und entspannt. Als eines der drei Geschenke der Weisen ist es ein Symbol für Anbetung, Ehre und Dankbarkeit.

**Orange**, spritzig, duftend und erhebend, verleiht es eine fröhliche, feierliche Note.

**Patschuli**, meist als erdig beschrieben, ist nicht für jeden geeignet, kann aber beim Meditieren und Fokussieren von Intentionen helfen.

**Sandelholz** mit seinem süßen, holzigen Aroma ist tief mit der Eigenschaft verbunden, inneren Frieden zu vermitteln.

**Virginisches Zedernholz**, das auch für diese Phase gut zu verwenden ist; siehe auch zunehmender Mond (Seite 83).

## ABNEHMENDER MOND

Entspannen Sie sich, entschleunigen Sie, öffnen Sie Geist und Herz, folgen Sie Ihrer Intuition und werden Sie empfänglich für die Botschaften und Signale der Natur; das ist eine Zeit der Vergebung und des Loslassens. Entspannende und heilende ätherische Öle sind:

**Salbei**, krautig, blumig und leicht fruchtig, kann helfen, die Nerven zu beruhigen und Ihre Wege der natürlichen Intuition zu öffnen.
**Geranie**, hat einen starken blumigen Duft, der etwas Anpassung erfordert, aber es beruhigt in kleinen Mengen.
**Lavendel**, ein mehrjähriger Favorit, der normalerweise zuerst in den Sinn kommt, wenn wir Stress abbauen und uns entspannen und sogar einschlafen müssen.
**Römische Kamille** heller, frischer Duft, der beim Loslassen von Stress und Ärger hilft. Wie Lavendel kann die Römische Kamille helfen, den Schlaf zu fördern.
**Rose**, der Duft des Öls beruhigt und heilt.
**Ylang-Ylang** mit einem zarten, leicht fruchtig-blumigen Aroma, das die Kreativität anregen, Stress lindern und Ärger vertreiben kann.

# WARNUNG

Ätherische Öle können sehr intensiv sein. Lesen Sie die Etiketten hinsichtlich des empfohlenen Gebrauchs und allfälliger Vorsichtsmaßnahmen sorgfältig durch. Nicht alle Öle sind für die Anwendung am Körper geeignet, auch die Qualität kann stark variieren. Einige ätherische Öle können Reizungen oder allergische Reaktionen verursachen oder sogar giftig sein. Bei der äußerlichen Anwendung sollten Sie die Öle zuerst auf einem kleinen Bereich testen, um Nebenwirkungen ausschließen zu können. Tragen Sie sie an Füßen, Armen und Beinen auf, sparen Sie Gesicht und Genitalien vollständig aus. Ätherische Öle dürfen keinesfalls eingenommen werden! Nicht bei beschädigter Haut oder bei Kleinkindern, Schwangeren, Haustieren oder älteren Menschen anwenden, die möglicherweise empfindlich auf die Eigenschaften der Öle reagieren.

# KERZEN UND MONDMAGIE

Die von Menschen hergestellten Kerzen haben nicht die gleiche innere Schwingungsenergie wie natürliche Kräuter, Öle oder Edelsteine (Bienenwachs oder Sojakerzen können aufgrund ihrer natürlichen Herkunft etwas stärker energiegeladen sein). Wenn Sie jedoch die entsprechenden Energieniveaus einer Farbe kennen, können Sie Kerzen in einer für Ihre Mondmagie geeigneten Farbe verwenden.

Sonnenlicht umfasst alle Farben des Spektrums, die mit einem Prisma in ein Spektrum einzelner Farben getrennt werden können. Jede Farbe des Sonnenlichts repräsentiert ein anderes Energieniveau, eine andere Frequenz und eine andere Schwingung, und wie wir bei Kristallen gesehen haben, beeinflussen uns diese Frequenzen unterschiedlich und individuell. Kerzenmagie sagt uns auch, dass bestimmte Kerzen an bestimmten Wochentagen verwendet werden können, da ihre Farben auch mit verschiedenen Himmelsobjekten verbunden sind.

Während das Wachs einer Kerze unterschiedlich gefärbt sein kann, egal ob rot, grün, schwarz usw., ist die Farbe der brennenden Flamme immer gleich. Sie können also auch naturfarbene Kerzen in verschiedenfarbigen Windlichtern oder Kerzenhaltern oder sogar Kerzenständern aus einem bestimmten Kristall oder Edelstein zu verwenden oder sich auf das Kerzenlicht selbst zu konzentrieren, das das volle Licht des Mondes symbolisiert, um seine Energien abhängig von Ihren Zielen zu absorbieren.

Im Folgenden finden Sie eine kurze Anleitung zu Kerzenfarben und ihren Bedeutungen, die Ihnen helfen kann, die magischen Schwingungen des Mondes zu verstärken.

## SCHWARZ

**Bedeutung:** Schutz vor negativer Energie

**Passender Tag/Verstärkender Himmelskörper:** Samstag (Saturn)

## BLAU UND DUNKELBLAU

**Bedeutung:** Meditation, Ruhe, Geduld, Freundlichkeit, Aufrichtigkeit

**Passender Tag/Verstärkender Himmelskörper:** Donnerstag (Jupiter)

## GRÜN

**Bedeutung:** Wachstum, Geld, Fruchtbarkeit, Glück, Fülle, Erneuerung, Erfolg

**Passender Tag/Verstärkender Himmelskörper:** Freitag (Venus)

## LAVENDEL

**Bedeutung:** Intuition, Friede, geistiges Wachstum, Schutz

**Passender Tag/Verstärkender Himmelskörper:** Alle

## ORANGE UND GOLD

**Bedeutung:** Freude, Energie, Fruchtbarkeit, Kreativität, Erfolg, Anziehungskraft, Stimulation

**Passender Tag/Verstärkender Himmelskörper:** Sonntag (Sonne)

## LILA

**Bedeutung:** Spirituelles Bewusstsein, Weisheit

**Passender Tag/Verstärkender Himmelskörper:** Mittwoch (Merkur)

## ROT UND DUNKELROT

**Bedeutung:** Leidenschaft, Energie, Liebe, Macht, Mut

**Passender Tag/Verstärkender Himmelskörper:** Dienstag (Mars)

## ROSA UND PINK

**Bedeutung:** Liebe, Freundschaft, Harmonie, Freude, Vertrauen, Vergebung

**Passender Tag/Verstärkender Himmelskörper:** Alle

## WEISS, SILBER UND GRAU

**Bedeutung:** Reinigung, Friede Wahrheit, Sehertum

**Passender Tag/Verstärkender Himmelskörper:** Montag (Mond)

## GELB

**Bedeutung:** Persönliche Kraft und Selbstwertgefühl; Gedanken wahr machen, Vertrauen, Kreativität, geistige Klarheit, Intuition

**Passender Tag/Verstärkender Himmelskörper:** Sonntag (Sonne)

# MOND, ASTROLOGIE UND TAROT

Unsere Vorfahren blickten seit Jahrtausenden zum Himmel, um das Unbekannte zu erklären. Die Astrologie kombiniert Elemente des Magischen und Mystischen mit ein wenig Wissenschaft. Sie studiert die Bewegungen und Positionen der Sterne und Planeten am Himmel, um ihre Einflüsse auf unser Leben zu bestimmen. Praktizierende Astrologen beziehen sich auf die zwölf Tierkreiszeichen als Grundlage für die Vorhersage der Zukunft und des Horoskops.

Jedes Tierkreiszeichen ist auch in der Natur verwurzelt und einem ihrer Elemente zugeordnet: Feuer, Wasser, Luft und Erde, wodurch noch mehr über eine Persönlichkeit ausgesagt werden kann.

Auch das heutige Tarot, das erst einige Jahrhunderte alt ist und vermutlich um 1300 in Italien als einfaches Kartenspiel entstanden ist, kombiniert Facetten der Astrologie, der Natur und Selbstwahrnehmung –woran nichts Böses und nichts von dunkler Magie ist –, um ein (überraschend!) genaues Bild davon zu zeichnen, woher jemand kommt und wohin er geht. Das heute beliebteste Kartendeck, das Rider-Waite-Deck, kombiniert verschiedene religiöse Prinzipien, astrologische Symbole und Naturelemente.

Betrachten wir Astrologie und Tarot in Bezug auf die Mondphasen und werfen wir einen magischen Blick in unser tägliches Leben.

# STERNZEICHEN

Jedes Zeichen entspricht einem Geburtsmonat und enthält Merkmale, die eine Persönlichkeit definieren. Diese Zeichen können uns helfen zu verstehen, welche unserer Seiten wir der Welt zeigen und voll nutzen sollen und um welche wir uns kümmern müssen, um auf Kurs zu bleiben. Die meisten Menschen kennen zumindest ihre Sonne oder ihr Sternzeichen, basierend auf ihrem Geburtsdatum und Geburtsmonat. Sind sie nicht sicher? Dann schauen Sie auf den Seiten 96 bis 99 nach.

Ihr Sternzeichen ist mit bestimmten Persönlichkeitsmerkmalen verbunden. Und wenn Ihr Zeichen ein Feuer oder Luftzeichen ist, neigen Sie im Allgemeinen zu positiven/extrovertierten (männlichen) Tendenzen; Wasser- und Erdzeichen sind im Gegensatz dazu die empfindsamen/subtilen (weiblichen) Zeichen.

Wenn der Vollmond im Laufe des Jahres durch jedes dieser Zeichen reist, werden die Eigenschaften, die mit einem Zeichen verbunden sind, verstärkt und von jenen wahrgenommen, deren Intuition dafür empfänglich ist. Im folgenden Abschnitt finden Sie eine Momentaufnahme der signifikanten Eigenschaften jedes Zeichens: das Gute und nicht so Gute. Überlegen Sie während des nächsten Vollmond, welche Ihrer Eigenschaften voll entfaltet sind und welche noch zusätzlicher Anstrengungen bedürfen, damit Sie in der Gegenwart ein bewusstes, zielgerichtetes Leben führen können. Machen Sie entsprechende Pläne und öffnen Sie sich der Macht des Vollmondes.

## MONDPHASEN UND HOROSKOP

Wie wir gesehen haben, hat jede der acht Mondphasen ihre eigene Energie. Es gibt aktive Phasen, Zeiten zum Setzen von Intentionen, zum Entscheiden und zum Erreichen der Ziele sowie reflektierende oder rezeptive Phasen, Zeiten reduzierter Energie, der Reflexion und Anpassung.

## AKTIVE MONDPHASEN

- Neumond
- Zunehmender Halbmond
- Vollmond
- Abnehmender Halbmond

## REFLEXIVE MONDPHASEN

- Zunehmender Sichelmond
- Zunehmender Dreiviertelmond
- Abnehmender Dreiviertelmond
- Abnehmender Sichelmond

Beachten Sie die allgemeinen Persönlichkeitsmerkmale Ihres Geburtszeichens. Während der Mond durch jede seiner acht Phasen zieht, werden Sie seinen Einfluss auf Ihr Horoskop spüren.

## ÄTHERISCHE ÖLE UND STERNZEICHEN

Ätherische Öle können reinigen, die Sinne schärfen und negative Energien bändigen. Jedes Sternzeichen hat eine besondere Affinität zu einem ätherischen Öl (siehe Seiten 96 bis 99), das die Mondmagie stärker fokussieren kann. Dieses Öl hilft anfangs vielleicht besonders gut, beschränken Sie sich aber nicht darauf: Experimentieren Sie mit so vielen, wie Sie möchten. Eigene Erfahrungen mit den Eigenschaften einzelner Öle und den Eigenschaften Ihres Sternzeichens können zu kreativeren Kombinationen führen.

## NEUMOND

Da es sich um eine aktive Phase handelt, dreht sich in dieser dunklen Periode alles um Entdeckung. Das Bild ist nicht vollständig beleuchtet, also achten Sie auf neue Informationen in jeder Form, einschließlich Ihrer Intuition. Stellen Sie anderen und sich selbst Fragen. Nutzen Sie die Gelegenheit, sich an Ihren Lieblingsaktivitäten zu beteiligen, und nehmen Sie sich Zeit, Ihre Ziele und Absichten zu überdenken. Das ist die richtige Zeit, etwas Neues zu beginnen.

## ZUNEHMENDER SICHELMOND

Das vermehrte Licht des Mondes entspricht Ihrer wachsenden Entschlossenheit, Ziele zu erreichen und Herausforderungen anzunehmen. Es ist Zeit, sich über die Bedeutung des Zieles klar zu werden. Lassen Sie sich von Ihrer Intuition leiten und lassen Sie sich nicht von Herausforderungen abschrecken. Suchen Sie Informationen an ungewöhnlichen Orten.

## ZUNEHMENDER HALBMOND

Auch diese aktive Phase ist ein guter Zeitpunkt, nach vorne zu schauen und die Vergangenheit loszulassen. Hegen Sie keinen Groll, helfen Sie anderen und damit auch sich selbst. Sie haben das Zeug, Ihre Absichten zu verwirklichen. Denken Sie über Ihren Plan nach und machen Sie mutig weiter.

## ZUNEHMENDER DREIVIERTELMOND

Das ist die Phase der Analyse und Verfeinerung Ihrer Pläne. Wie funktionieren die Fragen, die Sie gestellt haben, die Aktivitäten, die Sie gesetzt haben? Machen Sie den Weg zu Ihrem Ziel frei und setzen Sie ihn fort. Vertrauen Sie Ihren Instinkten, auch wenn es ein harter Weg ist, und erkennen Sie, dass Sie selbst alles in sich haben, was Sie für Ihr Vorhaben brauchen. Nutzen Sie Ihre analytischen Fähigkeiten zur Problemlösung.

## VOLLMOND

Das volle Licht dieses Mondes zeigt alles – keine Schatten und kein Zweifel mehr. Es ist die Chance, die Dinge klar zu sehen. Bauen Sie auf die kollektive Stärke anderer, die Ihnen helfen können, das zu erreichen, worauf Sie hinarbeiten, oder zu erkennen, was nicht funktioniert, und über den nächsten Neumond nachzudenken. Gratulieren Sie sich für das, was Sie getan haben, und machen Sie Pläne, mit einem Freund zu feiern. Sie können andere etwas lehren, was Ihre Sicht auf die Zukunft beeinflussen wird.

## ABNEHMENDER DREIVIERTELMOND

Beim Übergang des Mondes in seine dunklere Phase kommt wieder Zeit der Reflexion. Gefühle und Emotionen entstehen, wenn man über das nachdenkt, was man seit Beginn des Zyklus gelernt hast. Teilen Sie Ihre Erkenntnisse zum Wohle anderer. Körperliche Aktivität und Gruppenveranstaltungen tun Körper, Geist und Seele gut.

## ABNEHMENDER HALBMOND

Die letzte aktive Phase ist eine der Verantwortung. Erkennen Sie Ihre Fehler und richten Sie Ihre Gedanken neu aus. Es ist die letzte Chance in diesem Zyklus, die Ziele zu erreichen, bevor das Mondlicht verblasst. Jetzt sollte man Wiedergutmachung leisten, Probleme lösen und etwas Energie für sich selbst aufwenden.

## ABNEHMENDER SICHELMOND

Diese Zeit der Reflexion fordert alle Sinne außer dem Sehsinn. Am dunklen Himmel stimuliert uns die Energie des Mondes. Hören Sie Musik! Gönnen Sie sich eine besondere Mahlzeit. Meditieren Sie. Lassen Sie sich massieren. Laden Sie Ihre Energien auf, bevor der Mond in einen neuen Zyklus eintritt. Hören Sie auf Ihr Herz und bereiten Sie sich auf einen Neuanfang vor.

## ARIES

21. März – 20. April

WIDDER: FEUERZEICHEN

**Was der Vollmond erstrahlen lässt:** Mut, Entschlossenheit, Selbstvertrauen

**Was besser im Schatten bleibt:** Ungeduld Launenhaftigkeit, Aggressivität

**Passendes ätherisches Öl:** Rosmarin – ein stark duftendes Öl, das Ihnen hilft, konzentriert zu bleiben, Ihr Selbstvertrauen zu stärken und Ungeduld und Launenhaftigkeit zu bekämpfen.

## TAURUS

21. April – 21. Mai

STIER: ERDZEICHEN

**Was der Vollmond erstrahlen lässt:** Verlässlichkeit, Geduld, Sachlichkeit

**Was besser im Schatten bleibt:** Sturheit, Besitzdenken, Kompromisslosigkeit

**Passendes ätherisches Öl:** Rose – mildert einige der »Stark-wie-ein-Stier«-Tendenzen; lindert Stress.

## GEMINI

22. Mai – 21. Juni

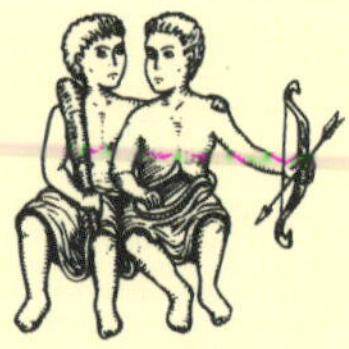

ZWILLINGE: LUFTZEICHEN

**Was der Vollmond erstrahlen lässt:** Freundlichkeit, Sanftheit, Charme, Neugier

**Was besser im Schatten bleibt:** Nervosität, Inkonsistenz, Unentschlossenheit

**Passendes ätherisches Öl:** Basilikum – unterstützt die duale Natur, stimuliert den Geist, fördert die natürliche Neugier und gleicht Unentschlossenheit aus.

## CANCER

**22. Juni – 22. Juli**

KREBS: WASSERZEICHEN

**Was der Vollmond erstrahlen lässt:** Mitgefühl, Mut, Loyalität

**Was besser im Schatten bleibt:** Launenhaftigkeit, Abwehrhaltung, Unsicherheit

**Passendes ätherisches Öl:** Echte Kamille – unterstützt Ihre pflegerischen Eigenschaften und gleicht natürliche Launen aus.

## LEO

**23. Juli – 22. August**

LÖWE: FEUERZEICHEN

**Was der Vollmond erstrahlen lässt:** Stolz,Kreativität, Warmherzigkeit

**Was besser im Schatten bleibt:** Arroganz, Sturheit, Inflexibilität

**Passendes ätherisches Öl:** Jasmin – der natürliche Stolz und die Sturheit des Löwen können zu Gefühlen von Erschöpfung und Depression führen, die der exotische Duft von Jasmin ausgleichen kann.

## VIRGO

**23. August – 23.September**

JUNGFRAU: ERDZEICHEN

**Was der Vollmond erstrahlen lässt:** Analytische Fähigkeiten, Einfühlungsvermögen, Produktivität

**Was besser im Schatten bleibt:** Kritiklust, Furchtsamkeit, Spaßverderber

**Passendes ätherisches Öl:** Lavendel – fördert ein Gefühl von Ruhe und Frieden, erhöht die natürliche Intuition und lindert Stress und Angst.

## LIBRA
24. September –
23. Oktober

WAAGE: LUFTZEICHEN

**Was der Vollmond erstrahlen lässt:** Kooperation, Fairness, Liebenswürdigkeit

**Was besser im Schatten bleibt:** Unentschlossenheit, Frivolität, Oberflächlichkeit

**Passendes ätherisches Öl:** Geranium – wie das Zeichen der Waage wirkt dieses Öl beruhigend und ausgleichend und hilft, das Gleichgewicht wiederherzustellen und Angst und Depressionen zu lindern.

## SCORPIO
24. Oktober –
22. November

SKORPION: WASSERZEICHEN

**Was der Vollmond erstrahlen lässt:** Leidenschaft, Mut, Belastbarkeit

**Was besser im Schatten bleibt:** Emotionalität, Eifersucht, Geheimniskrämerei

**Passendes ätherisches Öl:** Patschuli – wenn man sich ins Abseits gestellt fühlt, kann Patschuli helfen, wieder ins Spiel zu kommen. Außerdem lindert es Stress, der sich aus einer manchmal strengen Natur ergeben kann.

## SAGITTARIUS
23. November –
21. Dezember

SCHÜTZE: FEUERZEICHEN

**Was der Vollmond erstrahlen lässt:** Abenteuerlust, Großzügigkeit, Intelligenz

**Was besser im Schatten bleibt:** Ungeduld, Unhöflichkeit, falsche Versprechungen

**Passendes ätherisches Öl:** Schwarzer Pfeffer (am besten als Teil einer Mischung) hält wach und auf Trab.

STEINBOCK: ERDZEICHEN

**Was der Vollmond erstrahlen lässt:** Disziplin, Leadership, analytische Fähigkeiten

**Was besser im Schatten bleibt:** Egoismus, Herablassung, Besserwisserei

**Passendes ätherisches Öl:** Vetiver – manchmal muss ein geborener Anführer einfach nur ausspannen und sich beruhigen.

## CAPRICORNUS

22. Dezember –
20. Januar

WASSERMANN: LUFTZEICHEN

**Was der Vollmond erstrahlen lässt:** Großzügigkeit, Humanität, Toleranz, gute Auffassungsgabe

**Was besser im Schatten bleibt:** Temperament, Kompromisslosigkeit, Distanziertheit

**Passendes ätherisches Öl:** Neroli – trotz Ihrer natürlichen Menschlichkeit fühlen Sie sich manchmal allein, was zu Stress und Depressionen führt. Der intensive Duft von Neroli fördert den Schlaf und lindert Stress, sodass Sie wieder durchstarten können.

## AQUARIUS

21. Januar –
19. Februar

FISCHE: WASSERZEICHEN

**Was der Vollmond erstrahlen lässt:** Träumer, Mitgefühl, Kunstsinn, Intuition

**Was besser im Schatten bleibt:** Sorge, Unentschlossenheit, Vertrauensseligkeit

**Passendes ätherisches Öl:** Melisse – kreative Typen sind auch emotionale Typen. Melisse kann helfen, die Extreme auszugleichen, während sie natürliches Mitgefühl und Intuition unterstützt.

## PISCES

20. Februar –
20. März

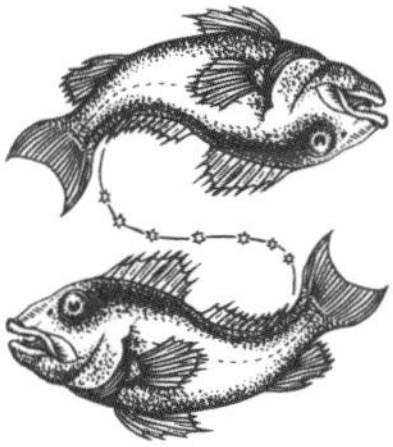

# STERNZEICHEN UND MONDFINSTERNIS

Mondfinsternisse (siehe Seite 35) bedeuten normalerweise Veränderung, und Veränderung kann unangenehm sein. Eine Mondfinsternis muss nicht in Ihr Sternzeichen fallen, um Sie zu beeinflussen, aber wenn die Mondfinsternis während dieser Zeit auftritt, sollten Sie Folgendes beachten:

**Widder:** Für das erste Tierkreiszeichen kann eine Mondfinsternis eine besonders gute Zeit für eine Veränderung bedeuten. Selbstvertrauen und Kreativität sind auf höchstem Niveau. Ergreifen Sie Maßnahmen, aber erwarten Sie die Ergebnisse mit Geduld.

**Stier:** Stiere sind stur. Eine Mondfinsternis ist ein sicheres Zeichen für eine bevorstehende Veränderung, die ihr Selbstvertrauen erschüttern kann, aber ihre praktischen, geduldigen Qualitäten ermöglichen es ihnen, Veränderungen zu ihrem Vorteil zu nutzen.

**Zwillinge:** Freundlichkeit und Charme sorgen dafür, dass Veränderungen durch eine Sonnenfinsternis bloß als ein reibungsloser Übergang sind. Schieben Sie Ihre Unentschlossenheit beiseite und schreiten Sie selbstbewusst voran. Nehmen Sie die gewünschten Veränderungen vor, und spüren Sie neue Energie in Ihrem Leben.

**Krebs:** Setzen Sie auf Loyalität und Mitgefühl. Pflege von Beziehungen stärkt Ihr Selbstvertrauen, alles anzugehen, was Sie aufgeschoben haben.

**Löwe:** Löwen können lange Groll mit sich herumtragen. Jetzt ist es an der Zeit, Ihre kooperative und liebenswürdige Seite zu zeigen und reinen Tisch zu machen. Geben Sie schlechte Gewohnheiten auf und ersetzen Sie sie durch positive Aktivitäten.

**Jungfrau:** Die Dunkelheit der Mondfinsternis fördert Kontemplation und innere Reflexion. Es ist Zeit ist, Ihren tapferen Krieger zum Strahlen zu bringen, um Veränderungen zum Besseren umzusetzen.

**Waage:** Diese Zeit der Veränderung wird Sie zu neuen Abenteuern führen. Suchen Sie Menschen und Orte auf, die Sie besuchen wollten. Setzen Sie dem Aufschieben ein Ende.

**Skorpion:** Ihre analytische Natur kann Sie dazu bringen, alte Probleme zu überdenken. Ergreifen Sie Maßnahmen, um vergangene Fehler zu korrigieren und Ihr Leben aufzuräumen. Jetzt ist die richtige Zeit, schlechte Gewohnheiten zu beenden.

**Schütze:** Ihre Kreativität ist am Höchststand und Sie sind offen für neue Herausforderungen.

**Steinbock:** Sie sind fleißig und loyal. Diese Eigenschaften werden während einer Mondfinsternis mit gegenseitiger Hilfe und einigen erfreulichen neuen Möglichkeiten belohnt werden.

**Wassermann:** Während dieser Zeit beweisen Sie Ihre Großzügigkeit. Sie werden mehr gewinnen, als Sie geben. Kompromisse können erforderlich sein, um gut durch Veränderungen zu kommen.

**Fische:** Sie sind sowohl Träumer als auch Pessimist. Nutzen Sie diese Zeit, sich um sich selbst zu kümmern, um den Wandel zu überstehen.

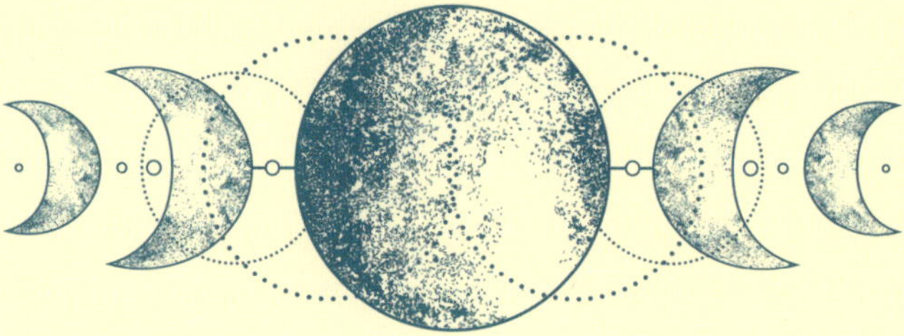

# MONDZEICHEN

Beim Mondzeichen geht es nicht um beobachtbaren Persönlichkeitsmerkmale, sondern um Ihr inneres Selbst, Gedanken, Gefühle, Ängste und Emotionen – sogar die, die Ihnen unbekannt sind. Dieses Zeichen ist schwieriger zu berechnen, da der Mond sich schnell durch den Tierkreis bewegt (und in jedem Zeichen nur zwei bis drei Tage bleibt). Wenn der Mond in Ihrem Sternzeichen erscheint, gibt er einen Hinweis darauf, wie Sie wahrscheinlich auf das Leben und seine unvermeidlichen Höhen und Tiefen reagieren werden.

**Mond im Sternzeichen ...**

**Widder:** Anfängliche Begeisterung für etwas Neues, gefolgt von nachlassendem Interesse.

**Stier:** Sensibel und anhänglich – hat keine Angst, es zu zeigen.

**Zwilling:** Ihre duale Natur passt sich an und ändert sich nach Bedarf.

**Krebs:** Freundlich und empfindsam ... Vielleicht ein bisschen zu viel.

**Löwe:** Der Dramatiker – versuchen Sie, es für sich zu behalten.

**Jungfrau:** Extrem künstlerisch und sensibel, aber anfällig für eine Überanalyse der Gefühle.

**Waage:** Ziemlich charmant und in der Lage, jede Situation richtig einzuschätzen.

**Skorpion:** Mitfühlend und intuitiv, will, dass alles ausgeglichen ist.

**Schütze:** Empfänglich für die Gefühle anderer.

**Steinbock:** Aufgestaute Emotionen tun nicht gut.

**Wassermann:** Neigt dazu, die Gefühle anderer zu reflektieren.

**Fische:** Empfänglich für die Gefühle anderer.

Im Internet kann man zahlreiche Online-Mondzeichen-Rechner finden, wenn man sich genauer darüber informieren möchte.

Ein Tierkreiszeichen wird speziell vom Mond regiert, das ist Krebs, das einzige Zeichen, das jeden Monat von seinem Herrscher besucht wird. Als Krebs geboren zu werden bedeutet, von Sicherheit besessen zu sein, ein Stubenhocker, aber furchtlos genug, um sich einen sicheren Platz in der Welt zu schaffen.

Ob im Krebs geboren oder nicht, nützen Sie den Vollmond in Krebs, um den tapferen Krieger in sich zu beschwören, um alle Probleme auf Ihren Weg anzugehen und ein Gefühl von Frieden und Sicherheit in Ihre Welt zu bringen.

*Ein Krieger lässt sich nicht entmutigen, gibt den Kampf nicht auf.*
*Großer Mond, voller Mut sage ich dir, dass ich mit Macht weitermache.*
*Ein lächelndes Gesicht ist meine Maske, die Angst und Zweifel verbirgt,*
*Und alle werden sehen, wie ich heute stärker und mutiger werde .*

Ob Wasser-, Feuer-, Luft-, Erd-, Sonnen- oder Mondzeichen, verbinden Sie sich mit den Energien des Mondes, um das zu feiern, was Sie ausmacht, *Sie!*

# MOND UND TAROT

»Tarot« ist ein Set von in der Regel achtundsiebzig Spielkarten einschließlich zweiundzwanzig Bildkarten zum Wahrsagen. Während man sagen könnte, ein Wahrsager »liest Ihre Zukunft« in den Karten, würde ich sagen, dass die Karten Sie lesen, Ihre aktuelle Situation aufzeigen und dass die Abbilder unsere Intuition und unser Bewusstsein schärfen. Sobald wir uns der Dinge bewusst sind, können wir sie geschehen lassen oder die Umstände zu unserem Vorteil nutzen. Es ist wie mit einem neuen Auto, das Sie gerade gekauft haben und von dem Sie den Eindruck haben, dass jetzt viele andere so eines fahren ... Nein, nicht jeder hat das gleiche neue Auto zur gleichen Zeit wie Sie gekauft, aber Sie sind jetzt aufmerksamer darauf und bemerken überall Ähnlichkeiten (oder suchen unbewusst danach). Mit Tarot ist das genauso – Intuition und Bewusstsein werden basierend auf dem, was die Karten oder der Kartenleser Ihnen sagen, erhöht.

Mond und Tarot zusammen sind Superkräfte, die dieses Bewusstsein verstärken, das durch Ihre Pläne Einstellungen und Ihre Intuition aus der Botschaft der Karten real wird.

## TAROTKARTEN

Tarotkarten, wie wir sie heute kennen gibt es erst seit etwa 1700. Eliphas Levi, ein katholischer Priester und Lehrer, entwarf sie, um seinen Schülern auf ihrem Weg zu spiritueller Erleuchtung und Selbsterkenntnis zu helfen. Das heute beliebteste Deck, das wunderschön illustrierte Rider-Waite-Deck, wurde 1909 erstellt und basiert auf Levis Arbeit, aber in der Erkenntnis, dass die Karten mehr leisten könnten, als nur die Selbsterkenntnis zu fördern, sie könnten nämlich helfen, die Zukunft vorauszusehen.

Ein typisches Tarot-Deck wird in große Arkana und kleine Arkana unterteilt. Die großen Arkana bestehen aus den zweiundzwanzig Bildkarten, die die Geschichte einer Reise erzählen, die mit dem Narren beginnt und mit der Welt endet, wo die Reise neu beginnt, was an die Phasen und

Zyklen des Mondes erinnert. Die kleinen Arkana sind die vierzig Farbkarten (normale Spielkarten), deren vier Farben, von 1 bis 10 nummeriert, Kelche, Schwerter, Pentagramme (oder Münzen) und Stäbe darstellen. Jede Farbe entspricht einem der Elemente der Natur, und diese Karten sind in dem, was sie offenbaren, die Details der Reise:

- Kelche = Wasser (Beziehungen und emotionale Themen)
- Schwerter = Luft (Kommunikation und intellektuelle Dinge)
- Pentagramme = Erde (alle materiellen Dinge)
- Stäbe = Feuer (Leidenschaft und Kreativität)

Zu den kleinen Arkana gehören auch die sechzehn Hofkarten – Könige, Damen, Ritter und Pagen –, die die Menschen im Tarot darstellen. Dazu aber ein andermal.

# DIE MONDKARTE

Das Tarot-Deck mit 78 Karten enthält in den großen Arkana eine Mondkarte. Es ist die achtzehnte Karte. Während der Mond leuchtet, erzeugt sein Licht – nicht so hell wie das der Sonne – auch Schatten. Das ist die Mondkarte ... die Beleuchtung eines Weges, der nicht vollständig zu sehen ist, abhängig von Intuition und Unterbewusstsein. Seien Sie sich des Unbekannten bewusst, aber auch offen für das Licht, das der Mond auf alles wirft, was Sie sich im Leben vorstellen.

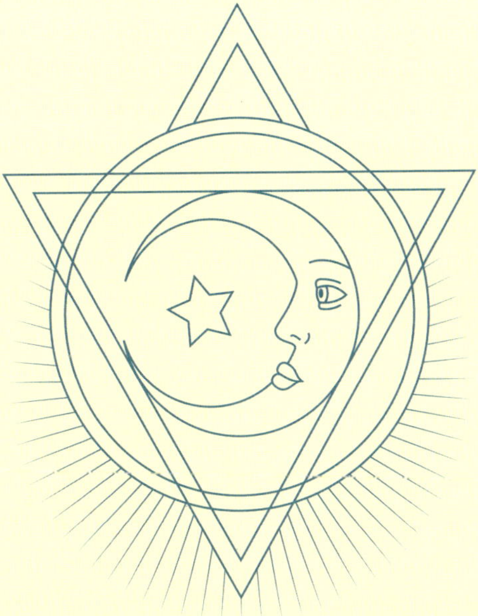

# DIE GROSSEN ARKANA UND DER MOND

Man muss nicht auf eine bestimmte Mondphase warten, um mit den Tarotkarten zu arbeiten oder sie zu deuten, aber die Energie, die den Mond in einem bestimmten Zeitpunkt umgibt, hat Einfluss auf unsere Wahrnehmung der Informationen und unsere Reaktionen. Am besten erfolgt das Kartenlesen in Zusammenhang mit einer konkreten Frage, zum Beispiel, ob Ihr Unternehmen wachsen wird. Der zunehmende Dreiviertelmond ist die beste Zeit, um das herauszufinden, weil er zum Vollmond heranwächst und dessen Weisheit und Energie zur Verfügung stellt. Haben Sie das Gefühl, dass sich das Ende einer Beziehung anbahnt? Dann sollten Sie eine Deutung während des abnehmenden Mondes unternehmen.

Zusätzlich ist jede Karte der großen Arkana mit einer Mondphase verbunden. Ihre Bedeutung zu verstehen und sie mit einer Mondphase zu verbinden, kann helfen, präsent zu sein und die Möglichkeiten zu erkennen.

## NEUMOND

**Karte der großen Arkana:** Der Narr

**Botschaft:** Gehen Sie ein Risiko ein. Haben Sie Spaß. Spüren Sie die Energie von etwas Neuem, das gerade beginnt. Sehen Sie die Welt mit den Augen eines Kindes.

## ZUNEHMENDER SICHELMOND

**Karte der großen Arkana:** Die Hohepriesterin

**Botschaft:** Akzeptieren Sie den Neuanfang. Kümmern Sie sich um das, was wichtig ist. Begrüßen Sie den Tag, indem Sie ganz bewusst leben.

## ZUNEHMENDER HALBMOND

**Karte der großen Arkana:** Der Magier

**Botschaft:** Erschaffen Sie ein wenig Magie: Machen Sie jemandes Traum wahr, egal wie groß er ist. Lassen Sie das Unmögliche einfach erscheinen. Setzen Sie sich ein Ziel.

## ZUNEHMENDER DREIVIERTELMOND

**Karte der großen Arkana:** Das Rad des Schicksals

**Botschaft:** Wachsen Sie: Lernen Sie etwas Neues. Probieren Sie etwas Neues aus. Lernen Sie neue Leute kennen.

# VOLLMOND

**Karte der großen Arkana:** Die Sonne; Der Mond

**Botschaft:** Erkennen Sie die Fülle in Ihrem Leben. Teilen Sie Ihre Gaben (Wissen, Zeit, Geld) mit anderen. Lassen Sie das warme Licht der Freundschaft auf andere leuchten, die Hilfe brauchen.

# ABNEHMENDER DREIVIERTELMOND

**Karte der großen Arkana:** Der Stern

**Botschaft:** Stopp. Nehmen Sie Ihre Umgebung auf. Reflektieren Sie die Lektionen, die Sie gelernt haben. Nehmen Sie sich Zeit, sich mit anderen zu verbinden. Bieten Sie Hilfe an.

# ABNEHMENDER HALBMOND

**Karte der großen Arkana:** Das Gericht

**Botschaft:** Denken Sie über vergangene Erfahrungen nach, wenn Sie zukünftige Maßnahmen erwägen. Kümmern Sie sich um unvollendete Geschäfte. Folgen Sie dem Plan.

# ABNEHMENDER SICHELMOND

**Karte der großen Arkana:** Der Eremit

**Botschaft:** Suchen Sie Ihre innere Weisheit. Kümmern Sie sich um Ihre Gesundheit. Ruhen Sie sich aus. Lassen Sie los.

# DIE GROSSE ARKANA UND DIE STERNZEICHEN

Einige Karten der großen Arkana können mit Sternzeichen verknüpft werden, was einen weiteren Einblick in das Wesen der eigenen Persönlichkeit bietet, wenn Sie sie mit den magischen Botschaften des Mondes zusammenführen.

## DER HERRSCHER

**Verknüpftes Sternzeichen:** Widder

**Eigenschaften:** Loyal, königlich und zuverlässig.

## DER HIEROPHANT

**Verknüpftes Sternzeichen:** Stier

**Eigenschaften:** Sucht Mentoren, um Wissen und Erkenntnisse zu erweitern.

## DIE LIEBENDEN

**Verknüpftes Sternzeichen:** Zwillinge

**Eigenschaften:** Zeigt die duale Persönlichkeit der Zwillinge und die Entscheidungen, die sich aus diesem Zwiespalt ergeben.

## DER WAGEN

**Verknüpftes Sternzeichen:** Krebs

**Eigenschaften:** Intuitiv und stolz steuert er einen festen Kurs.

## DIE KRAFT

**Verknüpftes Sternzeichen:** Löwe

**Eigenschaften:** Hat den Mut, alle Hindernisse zu überwinden, die sich ihm in den Weg stellen.

## DER EREMIT

**Verknüpftes Sternzeichen:** Jungfrau

**Eigenschaften:** Braucht eine »Ich«-Zeit zum Aufladen.

## DIE GERECHTIGKEIT

**Verknüpftes Sternzeichen:** Waage

**Eigenschaften:** Objektiv und fair.

## DER TOD

**Verknüpftes Sternzeichen:** Skorpion

**Eigenschaften:** Etwas mysteriös, der Tod signalisiert Wiedergeburt und die Fähigkeit, sich zu verändern und nach Bedarf anzupassen.

## DIE MÄSSIGKEIT

**Verknüpftes Sternzeichen:** Schütze

**Eigenschaften:** Kann bei jedem Sturm sicher steuern, ein exzellenter Verhandler.

## DER TEUFEL

**Verknüpftes Sternzeichen:** Steinbock

**Eigenschaften:** Fürchtet die Schatten nicht. Schaut nach, was sich dort versteckt, damit er Ängste überwinden und selbstbewusst und stark auftreten kann.

## DER STERN

**Verknüpftes Sternzeichen:** Wassermann

**Eigenschaften:** Greift nach den Sternen und weiß, dass er sie erreichen wird.

## DER MOND

**Verknüpftes Sternzeichen:** Fische

**Eigenschaften:** Beherrscht von ständig wechselnden Stimmungen, lebt er im Rhythmus mit den Zyklen der Natur; intuitiv und mitfühlend.

# MONDMAGIE MIT EINFACHEN RITUALEN UND ZAUBERSPRÜCHEN

Nachdem Sie nun alles über die Energie und die Phasen des Mondes gelernt, verschiedene hilfreiche Werkzeuge entdeckt und selbst ein bisschen Mondmagie praktiziert haben, ist es an der Zeit, sich auf eigene Faust zu entfalten, Ihre innere Mondgöttin zu entfesseln und ihre Energie und ihren Charme zu nutzen, um Ihre Absichten zu verwirklichen und ein magisches Leben zu führen.

Wir werden einige Rituale und Zaubersprüche erkunden, um Ihnen den Einstieg zu erleichtern. Bedenken Sie, dass es um Ihre Intentionen geht und darum, die verschiedenen Phasen des Mondes zu nutzen, um die Energien zu verstärken, die benötigt werden oder vorhanden sind, um Veränderungen herbeizuführen.

Wie jede Fertigkeit muss man auch das üben. Glauben Sie immer an Ihre Kraft, Ihre einzigartige Energie und Schwingung. Wenn man diese erstaunliche Kraft mit anderen positiven Energien im Universum verbindet, können große Dinge geschehen.

# RITUALE

Rituale, aus uralter Zeit, sind zeremonielle Handlungen oder Bräuche. Unsere Mondmagie-Rituale sind Anlass zum Feiern, zur Kontemplation, zur Heilung oder zur Freude, ganz gleich, was das Leben gerade braucht. Es ist eine Chance, unsere Dankbarkeit auszudrücken, um Hilfe zu bitten oder die magischen Energien und Phasen des Mondes durch Planung und bewusstes Leben zu erkunden. Diese Rituale können Ihnen den Weg zeigen. Wenn Sie sich mehr zutrauen, können Sie auch Ihre eigenen entwickeln, die besondere Bedeutung für Sie haben.

## RÄUCHERN

Räuchern ist ein Ritual der Native Americans, das seinen Ursprung in der Verbrennung von Weihrauch hat, einem Ritual, das bis ins alte Ägypten zurückverfolgt werden kann, wo es in religiösen Zeremonien und zur Abwehr des Bösen verwendet wurde.

Räuchern ist das Verbrennen einer natürlichen Substanz zur Reinigung, Heilung und spirituelle Zwecke. In der Mondmagie können Sie es in jedes beliebige Ritual integrieren, um negative Energie zu löschen und den Fokus auf Ihre Intentionen zu erhöhen oder einfach nur um eine Situation aufzulösen, in der Sie sich besonders traurig oder »festgefahren« fühlen.

Meist verwendet man eines von vier Kräutern zum Räuchern, am häufigsten Salbei:

- Salbei zur Heilung und gegen Negativität
- Lavendel zur Wiederherstellung von Gleichgewicht und Frieden
- Zeder zur Reinigung und Anziehung positiver Energie
- Süßgras für Segen

# *RÄUCHERRITUAL*

Beim Räuchern sollte man nichts überstürzen. Nehmen Sie sich soviel Zeit wie nötig, um es mit Fokus auf das gewünschte Ergebnis zu praktizieren, mindestens fünfzehn Minuten. Ergänzen Sie ein beliebiges Mondritual mit der Kraft des Räucherns oder verwenden Sie es zur Vorbereitung eines anderen Rituals.

Hinweis: Stellen Sie sicher, dass der Raum, den Sie räuchern, gut belüftet ist, damit die Negativität abfließt und die Positivität einfließt. Nehmen Sie keine Säuglinge, ältere Menschen, schwangere Frauen oder Personen mit Atemwegsproblemen beim Verbrennen von Kräutern hinzu. Und Vorsicht mit Feuer, wie immer.

Bereiten Sie Folgendes auf einem Tisch vor:

- Kerze und Streichhölzer
- Räucherwerk, gekauft oder selbst gemachtes Kräuterbündel (typische Kräuter siehe Seite 116)
- Hitzebeständige Schüssel zum Unterstellen unter das Räucherwerk, damit die Glut nicht auf dem Tisch landet.
- Eine weitere hitzebeständige Schüssel mit Sand, Salz etc. zum Löschen des Räucherwerks
- Tagebuch und Stift (optional)
- Sorgfalt und gesunden Menschenverstand

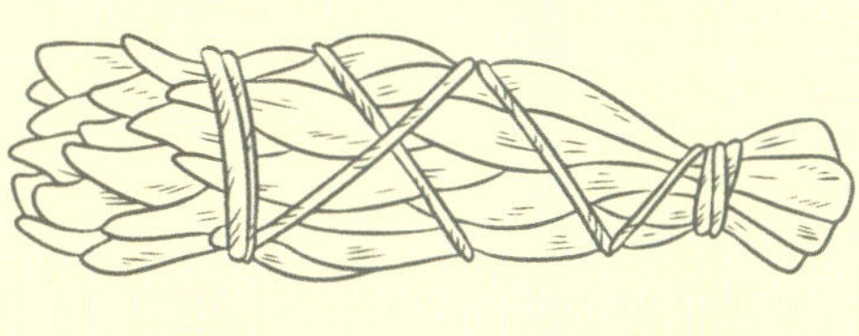

1. Halten Sie einen Moment lang inne. Konzentrieren Sie sich auf Ihre Ziele, vertrauen Sie darauf, dass sie sie erreichen werden, egal worum es geht: etwas loswerden (negative Energie verbannen), Kreativität erzeugen, Traurigkeit vertreiben, ein neues Zuhause einweihen oder konzentriert und fokussiert werden. Achten Sie dabei auf Ihre Atmung.

2. Zünden Sie mit den Streichhölzern die Kerze an.

3. Entzünden Sie das Räucherwerk mit der Kerze. Halten Sie es über die hitzebeständige Schüssel und schwenken Sie das Räucherwerk vorsichtig, um seine Flamme zu löschen, es soll ja rauchen oder glimmen, nicht verbrennen.

4. Beginnen Sie mit der Reinigung des Raumes an der Eingangstüre, schwenken Sie das Räucherwerk vorsichtig an den Wänden entlang, achten Sie besonders auf Ecken, in denen sich negative Energien sammeln können. Der Rauch absorbiert die negative Energie, befreit den Raum davon und trägt sie weg, wenn er aus dem Fenster strömt. Gehen Sie langsam in die Mitte des Raumes und fächern Sie den Rauch aus den offenen Fenstern. Sie können dabei Ihre Intention wiederholen oder sich nur auf den Vorgang konzentrieren. Stellen Sie sich vor, wie der Rauch alles Negative wegträgt.

5. Löschen Sie dann das Räucherwerk in der Schüssel mit Sand und vergewissern Sie sich, dass es vollständig aus ist, bevor Sie es unbeaufsichtigt lassen.

6. Nehmen Sie sich die Zeit, den Kräutern für ihre Kraft zu danken, und setzen Sie Ihr Mondritual nach Wunsch fort oder schreiben Sie Ihre Gedanken auf.

# RÄUCHERSPRAY

Wenn Sie nicht gerne etwas in Ihrem Haus verbrennen wollen oder Rauch (aus irgendeinem Grund) nicht mögen, können Sie ganz einfach Ihren eigenen Räucherspray herzustellen, der die gleiche reinigende Wirkung hat. Wenn Sie dabei ein ätherisches Öl, zum Beispiel Salbei, verwenden, erhalten Sie obendrein die gleichen heilenden Eigenschaften wie bei der Pflanze. Verwenden Sie es zum Beispiel zum Segnen eines neuen Hauses/Raumes (siehe Seite 144) oder wenn Sie das Gefühl haben, nicht weiter zu kommen, oder wenn Sie von negativen Energien belastet werden.

Sie benötigen dazu nur ein paar einfache Dinge: eine 240-ml-Sprühflasche (wenn möglich aus dunklem Glas), eine Tasse (180 ml) Mondwasser (siehe Seite 125), ätherisches Salbeiöl, 2 Esslöffel (30 ml) Wodka, Himalayasalz und einen kleinen Bergkristall (um das Wasser mit seiner Energie aufzuladen).

Die Phase des abnehmenden Mondes ist die beste Zeit, negative Energie zu vertreiben, benutzen Sie den Spray jedes Mal, wenn Sie das Bedürfnis verspüren.

1. Vermischen Sie 120 ml Mondwasser, 10 bis 15 Tropfen ätherisches Salbeiöl, Wodka (hilft, das Öl mit Wasser zu vermischen) und eine große Prise Salz (um negative Energien zu absorbieren) in der Flasche.
2. Fügen Sie das restliche Mondwasser (60 ml) und den Kristall hinzu. Verschließen Sie die Flasche und schütteln Sie sie vor jedem Gebrauch.
3. Besprühen Sie sich selbst, vermeiden Sie Gesicht und Augen, oder den gesamten Raum. Kein Feuer bedeutet mehr Räuchermöglichkeiten (z. B. Büro, Hotelzimmer, Auto).
4. Es ist hilfreich, während dieses Rituals ein Gebet oder Mantra zu sprechen.

*Wasser und Öl, reinigt diesen Raum und füllt ihn mit Licht und Anmut.*
*Das Negative ist hier verbannt, wo Dank und Segen ist,*
*Wir fühlen uns umarmt.*

# MONDKREIS

Ihr Kreis ist ein heiliger Raum. Er kann mit physischen Objekten wie Kristallen oder Steinen hergestellt oder einfach mit dem Finger in die Luft gezogen werden. Er ist ein Ort der Sammlung und der Energie, ein mächtiger Ort.

Versammeln Sie Ihre Freunde beim nächsten Vollmond, um sich miteinander zu verbinden und Ihre Energien zu verstärken, indem Sie im Kreis stehen oder sitzen, vielleicht um einen Altar, den Sie gemacht haben (siehe Seite 138). Wenn gewünscht, kann jede Person ein Objekt platzieren, das mit der Energie des Mondes im Kreis oder auf dem Altar aufgeladen werden soll. Der Zweck des Kreises ist es, die Mondgöttin und all ihre Gaben zu feiern und zu ehren, sich ihrem Licht zu öffnen und die Intuition zu steigern.

Verwenden Sie den Kreis, um Ihre Pläne zu machen. Erstellen und sprechen Sie Ihr eigenes Mantra, um die sie umgebenden Energien zu erhöhen. Stehen oder sitzen Sie in stiller Meditation über Ihren Absichten. Singen und tanzen Sie im Uhrzeigersinn im Kreis. Zünden Sie eine Kerze in Erinnerung an jemanden oder etwas an, wenn es Zeit ist, den Kreis zu beenden.

Nehmen Sie sich einen Moment Zeit, um sich für die Segnungen des Mondes und Ihrer Freunde zu bedanken. Gehen oder tanzen Sie gegen den Uhrzeigersinn, um den Kreis aufzulösen.

# RITUAL DES BLAUEN MONDES

Nutzen Sie die Schönheit und das Licht dieses besonderen Vollmondes für ein Ritual zum Fokussieren Ihrer Gedanken.

Befreien Sie Ihren Raum von negativer Energie und negativen Gedanken – eine einfache Möglichkeit ist, etwas frischen Salbei zu verbrennen (siehe Seite 117), um die Negativität zu löschen, und ein Fenster zu öffnen, um sie aus Ihrem Raum strömen zu lassen. Oder räumen Sie den Raum auf und versprühen Sie Ihren Lieblingsduft oder ein ätherisches Öl, alles, was Ihnen ein Gefühl von Frische verleiht.

Zünden Sie eine Kerze an, um Stimmung zu schaffen. Die Farbe (siehe Seite 88) oder der Duft (siehe Seiten 82 bis 85) hängen von den Wünschen ab, die erfüllt werden sollen, oder nehmen Sie Weiß oder Blau, um die Energie des Blauen Mondes zu spiegeln.

Setzen Sie sich so, dass Sie den Schein des Mondes sehen können. Schließen Sie die Augen oder blicken Sie in die Kerzenflamme und atmen Sie tief ein, spüren Sie die Kraft des Mondes und vertreiben Sie mit jedem Atemzug Spannung oder negative Gedanken.

Konzentrieren Sie sich auf Ihre Intentionen. Möchten Sie Ihr Leben mit mehr Freude erfüllen? Möchten Sie Ihr Selbstwertgefühl steigern, um es mit Welt aufnehmen zu können? Was auch immer es ist, wenn Sie bereit sind, sprechen Sie leise oder laut:

*Ich bin mit dem Licht des Mondes erfüllt. Ich bin voller Freude.*
*In diesem Licht sehe ich, dass ich stark bin; ich fühle mich sicher und geliebt.*
*Ich kann freudig leben und werde bewusst leben, um für mich und andere zu sorgen.*
*Danke für deine Energie und Weisheit, schöner Mond.*

Lassen Sie die Kerze abbrennen und nehmen Sie sich Zeit, nachzudenken, oder schreiben Sie Ihre Gedanken in Ihr Tagebuch.

# GELDNÖTE?

Nutzen Sie die einzigartige Kraft des Blauen Mondes, um sich mit Energie und Sinn zu erfüllen und sich neu zu fokussieren.

Gehen Sie hinaus und atmen Sie das Licht und die Energie des Mondes ein. Mit einem grünen Jadestein werden Sie Ihre Glücksenergien und Chancen auf Reichtum steigern.

Behalten Sie einen klaren Kopf und konzentrieren Sie sich auf das zu lösende Problem. Was hilft? Den Lebenslauf aufpolieren; sich für einen neuen Job bewerben; Ihren Chef wegen einer Gehaltserhöhung ansprechen; ein Budget festlegen und es einhalten?

Was werden Sie in diesem Monat tun, um Ihren Wert nicht nur monetär zu steigern?

*Wenn die sanften Wellen der Mondstrahlen singen,*
*Leise charmante Lieder erzählen,*
*Von schimmernden Reichtümern, die sie*
*Dort auf ihren Flügeln tragen.*

# FREUDIGE ENERGIE

Veranstalten Sie aus lauter Lebensfreude eine Mondtanz-Party (siehe Seite 126) und tanken Sie Energie, um die Herausforderungen des Lebens zu meistern und seine Belohnungen in den kommenden Wochen und Monaten voll zu genießen.

# VOLLMOND UND GEBURTSMONAT

Wenn Sie zur Feier des Tages ein oder zwei Rituale durchführen möchten, sollten Sie ein Mondbad in Betracht ziehen (siehe Seite 126) oder einen Mondkreis (siehe Seite 120). Während der Vollmond eine Art Höhepunkt darstellt, ist er auch eine Zeit, dankbar zu sein für das, was wir sind, und für das, was wir haben.

*Oh, strahlender Mond, dein Licht erfüllt mich mit Wärme, Weisheit und Energie, um mit Absicht und Gnade auf dem Weg vor mir zu gehen.*
*Er zeigt mir, wie ich die ehren kann, die mit mir auf der Reise sind.*
*Ich werde freundlich und nett zu ihnen sein.*
*Ich lasse die negativen Gedanken und Gefühle los und mache Platz für meine Pläne.*

Was ist Ihre Intention? Wie werden Sie die Kraft des Vollmondes in Ihrem Geburtszeichen nutzen?

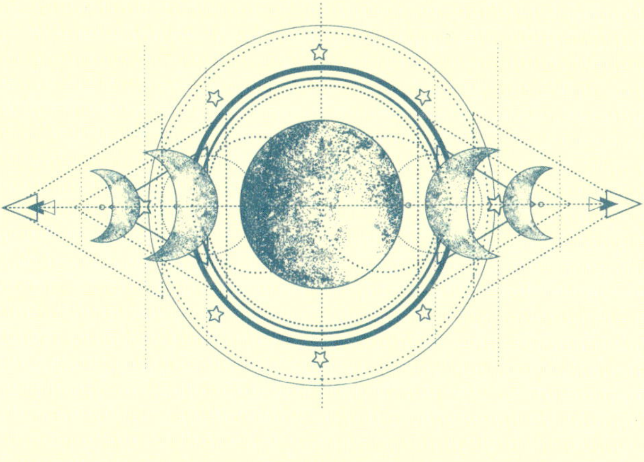

# MONDFINSTERNISMAGIE: MONDWÜNSCHE

Da Mondfinsternisse während des Vollmondes auftreten, stellen sie eine besonders günstige Zeit für Veränderungen, Wachstum und Heilung dar und um unsere Entschlossenheit zu zeigen. Gehen Sie ins Freie und fühlen Sie die Energie des Einklangs mit dem Universum: Sonne, Erde, Sie und der Mond, alles in Harmonie. Führen Sie ein Ritual zu Ehren dieses Ereignisses durch und danken Sie der Heilkraftraft der Natur. Feiern Sie den Anlass allein oder laden Sie eine Gruppe Ihrer liebsten gleichgesinnten Freunde dazu ein.

1. Wählen Sie einen Ort, an dem der Mond sichtbar ist. Bei gutem Wetter können Sie im Freien die volle Verbindung mit der Natur und ihrem beruhigenden, harmonischen Einfluss spüren.
2. Reinigen Sie den Raum mit einem Salbei-Räucherwerk (siehe Seite 117) oder mit Weihrauch.
3. Stellen Sie einen Altar (siehe Seite 138) mit besonderen Gegenständen, Kristallen oder anderen natürlichen Dingen auf.
4. Sorgen Sie für Stimmung: Musik, Kerzen, bequeme Sitzgelegenheiten und Essen (und Wein) sind großartige Optionen.
5. Bereiten Sie Papier, Stifte und Streichhölzer vor (wenn Sie etwas loswerden müssen) sowie einen Behälter zum Verbrennen.
6. Meditieren Sie über Ihre Intentionen und schreiben Sie sie dann auf. Das schriftliche Festhalten der Ziele erhöht die Erfolgsrate. Teilen Sie sie mit der Gruppe, wenn Sie möchten. Intentionen anderen gegenüber laut auszusprechen, erhöht unsere Verpflichtung ihnen gegenüber.
7. Legen Sie Ihre Mondwünsche an einen speziellen Platz unter Ihrem Kissen, in eine Wunschbox oder in ein Intentionsgefäß und verfolgen Sie die Ergebnisse.

# *MONDWASSER*

Stellen Sie in der Vollmondphase, wenn die Energie am Höhepunkt ist, ein großes Gefäß mit Deckel ins Freie (Hof, Balkon, Veranda), wo es die Strahlen des Mondes einfangen kann, oder in der Nähe eines Fensters, das im Mondlicht liegt. Füllen Sie es mit Wasser (verwenden Sie Quellwasser oder destilliertes Wasser), decken Sie das Gefäß ab und lassen Sie es im Licht des Mondes baden. Nehmen Sie sich Zeit, Ihre Intentionen auf das Wasser zu konzentrieren, und lassen Sie es von der stärkenden Energie des Mondes durchdringen.

Am nächsten Tag ist das Wasser gebrauchsfertig. Beschriften Sie es und bewahren Sie es im Kühlschrank auf. Fügen Sie das Wasser zu Ihrem Mondbad hinzu, verwenden Sie es, um Mondtee zu brauen, tauchen Sie Ihre Kristalle darin ein, um sie wieder zu beleben, oder trinken Sie einfach einen Schluck, während Sie im Licht des Mondes meditieren.

# MONDTANZ

Mit all dieser großartigen Energie, die vom Vollmond (der ersten Discokugel am Himmel) ausgeht, ist jetzt die Zeit für eine Tanzparty gekommen. Laden Sie Nachbarn oder Freunde zu einer Gruppenfeier ein oder einfach nur sich selbst. Wenn Sie draußen sind, streuen Sie etwas Glitzer auf das Gras und erzeugen Sie so ein wenig magische »Stimmung« . Machen Sie Musik an oder lassen Sie sich von Ihren inneren Rhythmen leiten und tanzen Sie, um das Leben und den Höhepunkt der Arbeit eines neuen Monats zu feiern. Fühlen Sie, wie die Energie Ihre Seele reinigt und die Freude Ihr Herz erfüllt. Wenn Sie fertig sind, nehmen Sie sich Zeit, zur Ruhe zu kommen und zu danken.

# MONDBAD

Neben der Reinigung unseres Körpers ist die Reinigung unserer Psyche ein wichtiger Bestandteil der Selbstpflege. Mondbaden ist ein einfaches, aber entspannendes, seelenreinigendes, bewusstseinsklärendes Ritual, das in jeder Phase des Mondes nützlich, aber während eines Vollmondes am mächtigsten ist, wenn seine reinigende Energie am stärksten ist.

Mondschein oder Wasser? Tun Sie, was Sie bevorzugen und was sich gut anfühlt. Wenn Sie in einem wärmeren Klima leben, können Sie draußen im Licht des Mondes baden und sich mit der Erde unter Ihren Füßen und den wundersamen Sternen oben verbunden fühlen. Wenn Sie in der Nähe eines Gewässers leben, kann ein Bad im Meer, Fluss oder See (sogar im Pool) heilend und erfüllend sein. Ansonsten können Sie die wärmeren Abende im Sommer und Herbst nutzen oder die nächste Badewanne.

# MONDBADRITUAL IM MONDLICHT

Bereiten Sie einen Platz in Ihrem Garten, einem Park, Ihrem Balkon oder in der Nähe eines Fensters vor. An diesem dunklen Ort fühlen Sie sich sicher, mit der Natur verbunden und können das Licht des Mondes berühren. Errichten Sie einen Altar (siehe Seite 138) oder stellen Sie Lieblingsgegenstände wie Kristalle, Kerzen, Weihrauch, Fotos oder andere spezielle Objekte in der Nähe auf, die sich auf Ihre Absichten in diesem Monat beziehen und die Sie mit der Energie des Mondes reinigen möchten. (Halten Sie geeignete Behälter für brennende Gegenstände sowie Wasser und/oder ein Feuerlöschmittel bereit, wenn Sie im Freien Feuer machen wollen.)

Stehen oder sitzen Sie bequem im Licht des Mondes, schließen Sie Ihre Augen und fühlen Sie Ihre Hände (wenn Sie sitzen) und Füße fest auf dem Boden. Atmen Sie tief ein und langsam wieder aus. Konzentrieren Sie Ihre Gedanken darauf, Ihren Körper bei jedem Atemzug mit dem Licht und der Energie des Mondes zu füllen. Spüren Sie mit jedem Atemzug die Energie Ihres Atems und bewerten Sie die Ergebnisse Ihrer Handlungen im vergangenen Monat. Welche neuen Erkenntnisse werden offenbar?

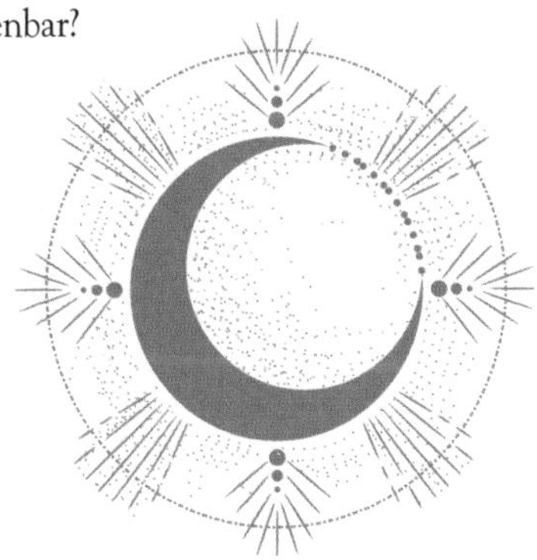

# MONDBADRITUAL IN DER BADEWANNE

Nehmen Sie lieber ein Bad in der Wanne? Das Eintauchen in Wasser während dieser Phase ist eine weitere Möglichkeit, die Anziehungskraft der erhöhten Energie des Mondes zu spüren.

Schaffen Sie Ihren magischen Raum, ob mit Licht, Musik, einem Tagebuch etc., und füllen Sie Ihre Wanne mit warmem Wasser. Fügen Sie Salze (wie Himalaya) oder ätherische Öle, die Sie mögen, Blumen (wie Rosenblätter) oder Kräuter (wie Lavendel) hinzu. Legen Sie einige Wasser-Kristalle um oder in das Bad, wie Rosenquarz (bedingungslose Liebe, Mitgefühl, Frieden), Bergkristall (Kraft), Impfkristalle (Weisheit), natürlich Mondstein, (Verbindung zu Ihrer inneren Göttin) oder Amethyst (Schutz), um Ihre individuellen Energien anzuzapfen.

Steigen Sie in die Wanne, tauchen Sie ein, schließen Sie die Augen und entspannen Sie sich. Spüren Sie die sanfte Wärme und Weichheit des Wassers und stellen Sie sich die Energie vor, die es vom Mond absorbiert und mit der es Sie füllt.

Befolgen Sie das gleiche Atemritual wie beim Baden im Mondlicht (vorher) und spüren Sie den Energiefluss im ganzen Körper.

Verharren Sie in beiden Ritualen so lange, wie es angenehm für Sie ist, und passen Sie sich wieder sanft an die Welt um sich herum an, wenn Sie fertig sind.

# VERBINDUNG MIT DER MOND-GÖTTIN: MEDITATIONSRITUAL DER GÖTTIN

Wenn Ihre innere Mondgöttin das Gefühl hat, dass sie eine Göttin als beste Freundin brauchen könnte, kann dieses einfache Ritual helfen, die alten Mondgöttinnen anzusprechen, die vor Ihrer Zeit waren. Ihre Weisheit und Kraft können Sie wieder auf die richtige Spur bringen oder Ihr Selbstvertrauen stärken, um das Ziel zu erreichen, das Sie kürzlich festgelegt haben.

Da jede Göttin verschiedene heilige weibliche Aspekte erwecken kann, fragen Sie sie nach all ihren Gaben oder nach bestimmten, je nach den Absichten, die Sie gesetzt haben.

Die Verbindung ist einfach. Versetzen Sie sich in Meditation (du kannst dies auch während des Mondbades tun) und konzentriere sie Sich auf die Göttin, die Sie einladen möchten, und auf den Bereich, an dem Sie arbeiten möchten. Bitten Sie zum Beispiel Isis, Ihr Selbstvertrauen und Ihre Intuition zu stärken, um eine bestimmte Situation anzugehen.

Es gibt nichts Besseres, als sie zu bitten und ruhig in Meditation zu sitzen. Achten Sie auf Ihre intuitiven Sinne: Hellhörigkeit, klares Gefühl, klares Wissen und Hellsichtigkeit. Je nachdem, welcher Sinn am stärksten ist, können Sie Führung, Gegenwart und Liebe der Göttin hören, fühlen, wissen oder sehen.

Egal worum es geht, vertrauen Sie darauf, dass Sie sich durch die einfache Bitte um Hilfe durch die Göttin öffnen, um sich mit Ihren göttlichen weiblichen Gaben zu verbinden, die sich subtil und geheimnisvoll offenbaren.

# *MONDTEE – OHNE HEXENKESSEL!*

Das Teeritual ist in vielen Kulturen von besonderer Bedeutung. Die wohltuende Wärme einer duftenden Tasse Tee kann eine betrübte Seele trösten. Gemäß den jahrhundertealten Traditionen der Kräutermedizin können Sie Mondtee zubereiten und täglich trinken, um Ihre Intentionen aufzufrischen, oder ihn einfach in Ihre Mondrituale und Intentionen integrieren. Teemischungen selbst herzustellen, anstatt Teebeutel zu kaufen, erlaubt es, den Vorgang zu verlangsamen und sich darauf zu konzentrieren. Danken Sie den Pflanzen, die die Zutaten für Ihre Teemischungen liefern, und überlegen Sie, wie Sie Ihr Teeritual in die Intention einbauen können.

Verwenden Sie Mondwasser, das Sie zur Hand haben, oder bereiten Sie eines über Nacht zu (siehe Seite 125). Als allgemeine Richtlinie für die Herstellung von Tees gilt: 2 bis 3 Teelöffel getrocknete Kräuter- oder Kräutermischung pro Tasse (ca. 240 ml) Tee. Für größere Mengen, z.B. 4 Liter etwa 1 Tasse getrocknete Kräuter.

Wenn Sie frische Kräuter verwenden, sind solche, die im Mondlicht gepflückt wurden, besonders anregend. Geben Sie eine große Handvoll (ein einzelnes Kraut oder eine Mischung aus pestizidfreiem Anbau) in einen großen Topf oder eine saubere Teekanne. Bedecken Sie die Kräuter mit kochendem Wasser und lassen Sie sie mindestens 5 Minuten ziehen. Schließen Sie Ihre Augen und inhalieren Sie die wundervollen Aromen, während Sie sich Zeit zum Meditieren nehmen, und sei es nur für wenige Sekunden.

Wenn Sie bereit sind, eine Tasse aufzubrühen, bringen Sie ausreichend Mondwasser zum Kochen und lassen Sie den Tee (in einem Sieb, einer Teekugel oder einem Einwegfilter) etwa 5 Minuten lang ziehen. Süßen Sie mit getrockneten Früchten, Gewürzen, Honig, getrockneten essbaren Blumen wie Rosenblüten oder Vanille.

# GESETZ DER SCHWINGUNG UND HEILENERGIE

Das Gesetz der Schwingung sagt, dass alles vibriert. Und alles im Universum, das verschieden ist, vibriert in verschiedenen Frequenzen. Einige dieser Frequenzen sind offensichtlich (Sonnenlicht oder Musik), aber einige nicht. Was jedoch offensichtlich ist, ist, dass diese Energien alle miteinander verbunden und voneinander beeinflusst sind, wie Wellen in einem Teich.

Dieses einfache Ritual kann positive Energie und Schwingungen senden, wo immer sie benötigt werden:

Wenn etwas passiert, das Sie besonders berührt, dann nehmen Sie sich die Zeit, ruhig zu sitzen, eine Kerze anzuzünden (jede Farbe; jede Mondphase) und Ihre guten und heilenden Absichten sichtbar zu machen. Lassen Sie die Kerze brennen. Löschen Sie sie. Danken Sie dem Universum für Ihren Platz in ihm.

# EINEN WEG IN DER DUNKEL-HEIT BELEUCHTEN

Das ist ein besonders gutes Ritual, das man während des abnehmenden Sichelmondes anwenden sollte, wenn die Dunkelheit einsetzt und man über Gelerntes nachdenkt und das Unproduktive loslässt. Es kann helfen, Negativität aus unserem Geist zu entfernen und uns frei zu machen, in unserem eigenen Interesse zu handeln.

Nehmen Sie ein Blatt Papier, einen Stift, einen hitzebeständigen Behälter und Streichhölzer.

1. Sitzen Sie still, nehmen Sie Stift und Papier und schreiben Sie alles, was Sie fühlen, unzensiert auf.
2. Suchen Sie Erkenntnisse zu wichtigen wiederkehrenden Problemen? Haben Sie Ihre Gefühle ignoriert oder unterdrückt? Sind Wahrheit und Grenzen für Sie klar oder verschwommen? Sind Sie bereit, loszuwerden, was Ihnen nicht mehr dient?
3. Stellen Sie diese Fragen, auch wenn nicht alle beantwortet werden.

Verbrennen Sie nun vorsichtig das Papier, das Ihre Emotionen enthält, in dem hitzebeständigen Behälter, um loszuwerden, was Sie stört, stellen Sie sich vor, dass die Negativität mit dem Rauch zum Himmel steigt. Waschen Sie die Asche weg oder übergeben Sie sie an Mutter Erde. Sie werden sich erleichtert fühlen, weil Sie alles Krankmachende losgeworden sind.

Denken Sie darüber nach, was Sie gelernt haben und was Sie tun werden, um weiterzukommen. Sprechen Sie leise oder laut:

*Ich lasse alles los, was mir nicht zur Heilung und Reinigung dient.*
*Ich werde meinen Weg bewusst und dankbar gehen,*
*Zu meinem besten und höchsten Wohl.*

# *LOSLASSEN*

Der abnehmende Sichelmond ist eine besonders gute Zeit, Dinge loszuwerden, die uns belasten oder einfach nicht mehr so funktionieren wie früher. Danken Sie ihnen für ihren Dienst und behalten Sie sie in Ihrem Herzen, aber verabschieden Sie sich davon und wenden Sie sich dem zu, was eine positive Kraft in Ihrer Welt sein wird.

Bereiten Sie Streichhölzer, einen kleinen Salbei-Zweig, Papier, eine blaue oder weiße Kerze, einen Bleistift und eine kleine Schüssel Wasser vor.

1. Gehen Sie an einen Ort im Freien, im Licht des Mondes, der eine besondere Bedeutung für Sie hat, und entzünden Sie den Salbei, um den Ort zu reinigen.
2. Zünden Sie die Kerze an und drücken Sie Ihre Dankbarkeit gegenüber dem Universum aus, schreiben Sie dann alles auf, von dem Sie sich verabschieden müssen, weil es Ihnen nicht mehr dient.
3. Atmen Sie tief ein und aus. Lesen Sie die Liste leise oder laut vor. Stellen Sie sich beim Ausatmen vor, wie Ihr Atem alles wegträgt, was Sie loslassen möchten. Atmen Sie tief und fühlen Sie, wie Sie von Helligkeit und Leichtigkeit statt von Negativität erfüllt werden.
4. Verwenden Sie die Kerze, um das Papier anzuzünden, und legen Sie es in die Schüssel mit Wasser.

Schließen Sie das Ritual ab, indem Sie noch einmal Ihre Dankbarkeit ausdrücken.

# NEUER JOB

Wenn Sie das Bedürfnis nach Veränderung in Ihrem Job oder Ihrer Karriere haben, können diese Pläne während des Neumondes erfolgreich sein. Das folgende zweistufige Ritual beginnt mit ein wenig Meditation, Tagebuchschreiben und innerer Einkehr, um sich über Ihre Pläne klar zu werden. Der zweite Schritt nutzt die Energie des Mondes, um Ihre Botschaft ins Universum zu bringen. Seien Sie offen für die Schwingungen und Möglichkeiten um Sie herum.

1. Suchen Sie einen ruhigen, angenehmen Ort zum Denken und Schreiben auf. Atmen Sie tief durch, um sich zu beruhigen, und konzentrieren Sie sich auf Ihre Gedanken. Was müssen Sie wissen? Was macht Sie glücklich? Wie verdienen Sie mehr Geld? Wollen Sie für höhere Ziele arbeiten? Lassen Sie Ihren Gedanken freien Lauf. Nehmen Sie dann Stift und Papier und schreiben Sie alle Gedanken und Ideen auf, die Ihnen gekommen sind.
2. Suchen Sie als Nächstes nach einem Thema. Wenn es keines gibt, versuchen Sie Folgendes: Machen Sie drei Spalten: Was tue ich gerne? Was kann ich gut? In welchen Jobs ist das gefragt? Füllen Sie die Liste aus! Sie müssen das vielleicht mehrmals wiederholen, bis Sie auf den richtigen Weg kommen.
3. Wenn Sie einen neuen Job oder ein neues Karriereziel vor Augen haben, ist es Zeit, es der Welt zu sagen. Rezitieren Sie im Licht des Neumondes leise oder laut diesen Spruch:

*Mit offenem Geist und dankbarem Herzen bitte ich um deine Hilfe.*
*Wenn das Leben Veränderung bringt, halte meine Wurzeln, aber spreize meine Flügel.*
*Neuer Job, neue Ziele, neue Pläne,*
*Hilf mir, den Job zu finden, den ich meine,*
*Die Veränderung herbeizuführen, die ich suche und für die ich brenne.*

# UND WEG SIND ALLE SORGEN ...

Neumond-, Vollmond- und abnehmender Mond sind die wirksamsten Phasen für reinigende Energien. Wenn Sie keine Zeit für ein luxuriöse Mondbad haben (siehe Seite 126), wenden Sie dieses einfache Reinigungsritual an, um über Ihre Probleme zu meditieren.

Nehmen Sie ihre Lieblingsseife (am besten eine Kräuterseife, die auf Ihre Intentionen abgestimmt ist) für Hände und Gesicht und ein weiches Handtuch.

Suchen Sie eine Situation ohne Ablenkungen. Konzentrieren Sie sich auf das, was Sie aus Ihrer Welt verbannen möchten. Lassen Sie gut temperiertes Leitungswasser in Ihr Waschbecken laufen. Waschen Sie Ihre Hände und Ihr Gesicht sanft mit der Seife, nehmen Sie sich die Zeit, den beruhigenden Duft wahrzunehmen, danken Sie für das saubere Wasser und spülen Sie dann Gesicht und Hände, während Sie leise alle Probleme benennen, dic weggewaschen werden. Wieder holen Sie das so oft wie nötig.

# EINFACHER ZAUBER FÜR DEN ALLTAG

SETZEN SIE SICH HER UND LASSEN SIE UNS REDEN.

Wie viele alte Rituale und religiöse Riten gehen Zaubersprüche (und Hexerei) Jahrhunderte weit zurück. Magie unterscheidet sich von Religion in der Art und Weise, wie sie die Götter wahrnimmt: Religiöse Zeremonien waren ein Akt der Beschwörung, um die Götter milde zu stimmen; Zaubersprüche und Flüche dienen dazu, die besondere Kraft eines Gottes für ein bestimmtes Ergebnis zu nutzen, wie den Sieg im nächsten Wagenrennen oder eine gute und glückliche Ehe. Wir verwenden die magischen Energien des Mondes, kombiniert mit anderen Mitteln, wie Kristallen, Kerzen, Göttinnenkraft, Kräutern, Papier und Stift.

Ein Zauber bewirkt ein Ergebnis, wenn man eine Intention setzt und ein Ritual um ihn herum durchführt, um positive Energie zu verstärken. In diesem Buch verwenden wir nur Zaubersprüche für Gutes. Hier gibt es keine dunkle Magie. Ihre besten Ergebnisse werden Sie haben, wenn Sie sich auf sich selbst konzentrieren; Zaubersprüche eignen sich nicht dazu, andere zu beeinflussen. Wie das Setzen einer Intention ist das Wirken eines Zaubers eine weitere Möglichkeit, sich auf die eigenen Gedanken und die gewünschte Veränderung zu konzentrieren, die von einem Ort des Friedens und des Lichts kommt.

Wie Ihr Mondritual sollten Sie auch den Zauber ganz individuell durchführen, formell oder nicht, allein oder in einer Gruppe, organisiert oder improvisiert.

Wie wir gelernt haben, ist die kraftvollste energetische Phase des Mondes der Vollmond. Nutzen Sie die Vollmondphase für besonders schwierige Probleme, die ein wenig zusätzlichen Zauber benötigen. Ansonsten kann jede Phase des Mondes Ihren Wünschen nach Zauberarbeit angepasst werden.

Es geht um Energie. Ihre Zauber werden mächtiger, wenn Sie lernen, mit den Energien zu arbeiten, die das Universum bietet. Auch Ihre Gedanken und Ideen haben Energie und erschaffen ihre eigenen kosmischen Schwingungen. Sie mit positiver Absicht ins Universum zu entlassen, wird sie dreifach zurückbringen. Diese Energien in Ihrer Zauberarbeit nutzen zu lernen, wird die Erfüllung Ihrer Wünsche bringen, wenn sie rein und wahr sind.

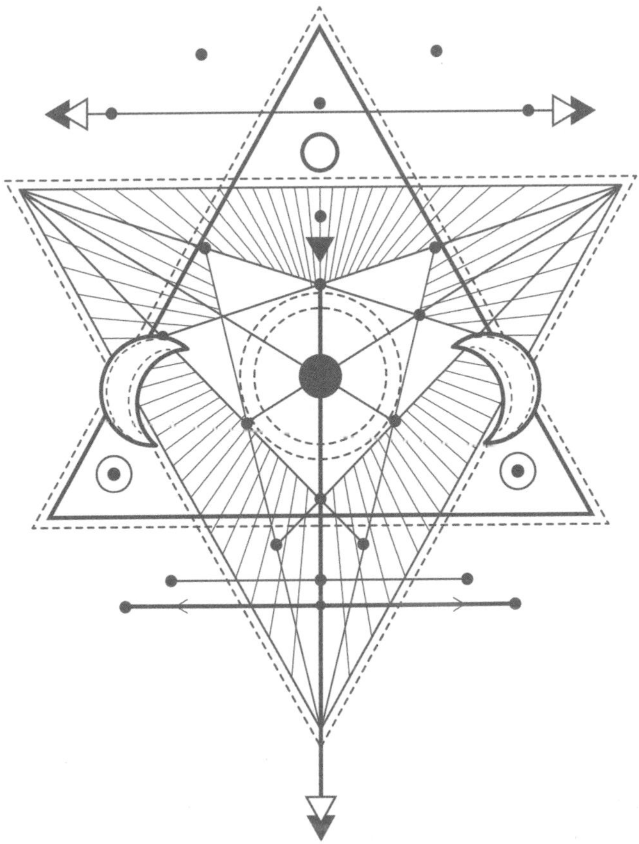

# ALTÄRE

Ein Altar muss nicht kunstvoll sein und kann so einfach wie eine Fensterbank oder ein Schuhkarton sein. Es ist ein Ort, der als visuelle Erinnerung genutzt wird, ein Ort, an dem Sie Ihre Energie konzentrieren können, wenn Sie in einer Gruppe arbeiten, alleine meditieren oder den einen oder anderen Zauber ausprobieren. Er kann auch ein Regal sein, auf dem Ihre Kristalle, Kerzen oder andere Dinge aufgestellt sind, die Sie an Ihre Intentionen gemahnen, damit Sie ihrer jeden Tag bewusst sind.

Sie können auch mehrere Altäre haben – jeder für einen anderen Zweck. Stellen Sie einen Altar mit Objekten, die Leichtigkeit und Entspannung symbolisieren, neben Ihr Bett. Ein Altar an Ihrem Arbeitsplatz hilft, Kreativität und Energie zu steigern. Vielleicht stellen Sie auch einen auf, der einer heiligen Mondgöttin oder Ihren Ahnen gewidmet ist. Trachten Sie danach, den Altar aus möglichst natürlichen Elementen zu erstellen, weil diesen Energien innewohnen.

Die physische Reinigung des Raumes, in dem sich Ihr Altar befindet, entfernt negative Energie und schafft Platz für gute Schwingungen. Sie können Ihren Altar mit einem Tuch bedecken, vielleicht mit etwas, das Ihre Intentionen repräsentiert: Seide für Geldzauber, Grün für Glück, Weiß für Leichtigkeit und Konzentration oder eine Farbe, die Sie energetisiert, wenn Sie einen Anstoß brauchen.

Ihr Altar steht für Sie: Ihr Herz, Ihre Hoffnungen, Ihre Träume, Ihre Absichten und Ihr Leben. Wenn Sie diesen Dingen treu bleiben, wird er Ihnen beim Zauber helfen.

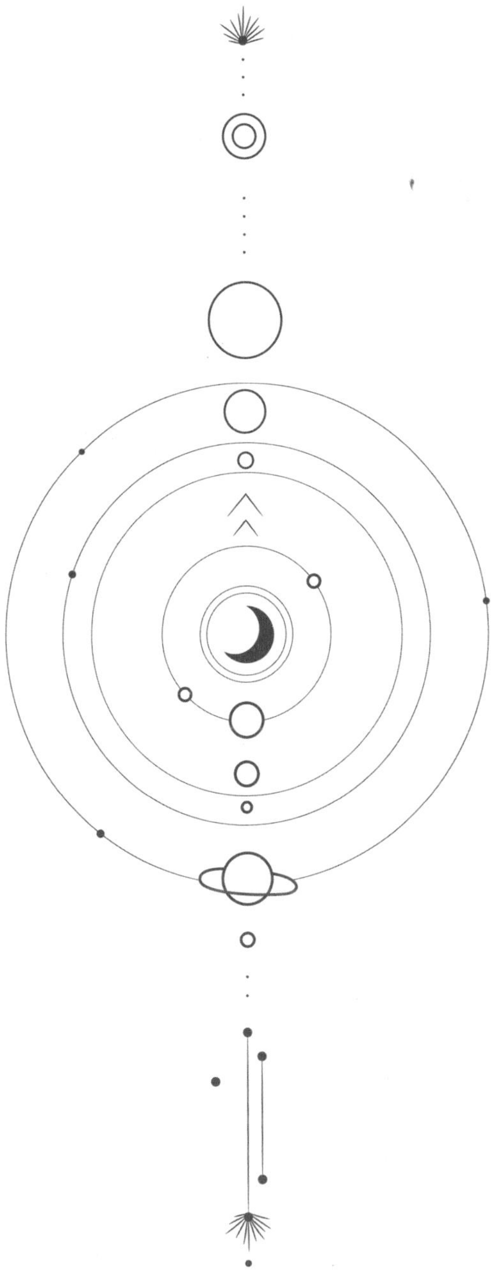

# NEUMOND-ZAUBER

REINIGUNG,
PLANUNG,
NEUANFANG

# *FINANZIELLER ERFOLG*

Der Neumond ist eine gute Zeit für Neuanfänge oder dafür, etwas ins Rollen zu bringen. Versuchen Sie diesen einfachen Zauber für höheres Einkommen, wenn das Ihr Wunsch ist.

In den Gesetzen des Universums beginnt das Bekommen mit Geben, und Geben beginnt mit Dankbarkeit. Danken Sie zunächst für das, was Sie haben. Nehmen Sie sich Zeit zum Nachdenken und überlegen Sie, wie Sie Ihren Reichtum, sei es Geld oder Talent, mit dem Universum teilen können.

*Mein bescheidener Reichtum ist Glück, Liebe und Gesundheit. Ich gebrauche meine Talente, um anderen zu helfen. Ich werde dem Universum etwas zurückzugeben.*

Sobald Sie solche Dankbarkeit empfinden, können sie diesen einfachen Zauber durchführen:

1. Nehmen Sie ein paar Münzen in die Hand.
2. Gehen Sie ins Freie und nehmen Sie die reinigende Energie des Mondes auf. Spüren Sie, wie mit jedem Atemzug negative Blockaden gelöst werden. Öffnen Sie mit jedem Atemzug Ihren Geist für neue Möglichkeiten. Sie können auch eine Kerze anzünden, Weiß oder Silber funktioniert am besten. Stellen Sie sich den Reichtum vor, den Sie sich wünschen.
3. Sprechen Sie leise oder laut:

*Neumond, neue Wahrheit, neue Zeit, erhöhe meinen Reichtum von Cents zu Zehnern. Ich bete, dass das Leben jeden Tag reicher und voller wird.*

4. Danken Sie nun dem Neumond für seine zunehmende Weisheit. Vergraben Sie die Münzen oder verstecken Sie sie an einem dunklen Ort.

# VERÄNDERUNGEN BEWÄLTIGEN

Neuanfänge sind Zeiten des Wandels, und Zeiten des Wandels können selbst die zuversichtlichsten von uns erschüttern. Dagegen hilft dieser Zauber während der nächsten Schwarzmond-Phase (oder Neumond-Phase).

1. Nehmen Sie eine gelbe Kerze und einen Tigerauge-Kristall.
2. Setzen Sie sich irgendwo ruhig und bequem hin, stellen Sie die Kerze auf eine hitzebeständige Oberfläche, zünden Sie sie an und stellen Sie sich vor, wie sie mit Zuversicht und Ziel handeln.
3. Nehmen Sie das Tigerauge in Ihre dominante Hand. Konzentrieren Sie sich auf die Flamme, fühlen Sie, wie sie Ihre Seele erleuchtet.
4. Rufen Sie die stille Kraft des Schwarzen Mondes an und sprechen Sie leise oder laut:

*Oh stiller Mond, leite meine Gedanken,*
*Wenn ich meine Ängste und Zweifel beiseite lege.*
*Erfülle mich stattdessen mit Frieden und Entschlossenheit,*
*Ich fühle, wie mein Selbstvertrauen wächst und sich entwickelt.*
*Dieses Tigerauge in meiner Hand,*
*Es erinnert mich daran, wie sich Herausforderungen ändern.*
*Ich sitze hier, still und dankbar,*
*Gesegnet für alle Ewigkeit.*

5. Setzen Sie sich für ein paar Minuten ruhig hin, wenn Sie fertig sind, und spüren Sie das ruhige Selbstbewusstsein in sich. Fühlen Sie die Emotion, im Wissen, dass Sie sie zurückgewinnen können, wann immer Sie sie brauchen.

# DAS PERFEKTE HEIM FINDEN

Diese Phase des Neuanfangs ist der perfekte Zeitpunkt, Ihre Intention zu konkretisieren, das neue Zuhause zu finden, von dem Sie geträumt haben. Träumen Sie nicht länger, sondern ergreifen Sie Maßnahmen, um es geschehen zu lassen. Wenn der Neumond hervorkommt, sollten Sie seine Energie eine Zeit lang genießen und leise oder laut zu sagen:

*Neumond, neuer Tag, neues Haus,*
*Die Suche ist noch nicht zu Ende*

*Neumond, neuer Tag, neues Nest,*
*Wo Herz und Herd eins werden.*

*Neumond, neuer Tag, offenbare*
*Meine Festung, die ich Zuhause nennen werde.*

# *SEGEN FÜR HAUS ODER WOHNUNG*

Diese Phase des Neuanfangs ist auch die beste Zeit, einen neuen Raum zu segnen und zu reinigen. Dieser zweiphasige Vorgang löscht zuerst negative Energie und schlechte Schwingungen und füllt dann den Raum mit positiven, freudigen Intentionen.

1. Nehmen Sie die notwendigen Utensilien und führen Sie ein Räucherritual (siehe Seite 117) durch, um den Raum zu reinigen, wobei Sie besonders auf Ecken, Schränke und Türen achten. Spüren Sie, wie der Rauch jede Negativität mit sich trägt, während Sie durchs Haus gehen. Löschen Sie das Räucherwerk vollständig, bevor Sie weitermachen.
2. Nehmen Sie etwas Salz, Brot, Wein und ein paar Münzen und legen Sie sie auf Ihren Altar, einen Tisch oder einen anderen Platz. Gönnen Sie sich einen Moment der Stille. Schließen Sie die Augen, und stellen Sie sich vor, wie Sie in Ihrem neuen Raum glücklich und produktiv sind. Atmen Sie ruhig. Wenn Sie sich bereit fühlen, sprechen Sie leise oder laut:

*Mit diesem neuen Zuhause ist meine Zeit, herumzuziehen, nun zu Ende.*
*In diesem gereinigten Raum werde ich ein neues Leben führen.*
*Mit Salz für Geschmack, Brot für Gesundheit, Wein für glückliche Zeiten,*
*Werfe ich diese Münzen über mein Reich – die Reichtümer des Lebens werden mein*
*Segne dieses Haus, dass das Leben darin erhaben sei.*

3. Danken Sie zum Schluss dem Mond für seine Energie, und stoßen Sie mit Brot und Wein auf Ihr neues Zuhause an.

# HEILUNG

Der Vollmond ist optimal für die Heilung, aber auch Neumond und zunehmender Mond kommen dafür in Frage.

Spüren Sie das volle Gewicht der Energie des Mondes und atmen Sie tief, um Ihren Körper von Kopf bis Fuß mit seiner Wärme zu füllen. Denken Sie an das, was geheilt werden muss, und machen Sie sich ein Bild davon. Halten Sie das Bild im Fokus und sprechen Sie leise oder laut:

*Göttin Mond, neige dich mir zu in dieser Zeit der Krankheit.*
*Möge dein Licht mein Herz heilen und meinem Geist helfen, still zu sein.*
*Bring mir Frieden, damit ich meine Energie zum Heilen nutzen kann,*
*Göttin Mond, leuchte auf mich, dass ich mich besser fühlen kann.*

Oder:

*Silberner Mond, Leuchtfeuer der Hoffnung,*
*Erleuchte meinen Weg zum Guten.*
*Helle Mondstrahlen, Meer aus Licht,*
*Bewirkt einen heilenden Zauber.*

Rufen Sie zum Schluss nochmals das Bild auf, das Sie im Kopf hatten, danken Sie dem Mond für sein Licht und loben Sie sich selbst für Ihren Mut.

# WILLKOMMEN FÜR EIN NEUES HAUSTIER

Ein neues Haustier bedeutet einen neuen Anfang. Neue Gewohnheiten, neuer Spaß, neue Entdeckungen, neue Liebe, um nur einige zu nennen. Nutzen Sie das Licht und die Energie des Neumondes, um dieses neue Familienmitglied zu begrüßen.

Nehmen Sie das zappelnde Bündel in Ihre Arme und gehen Sie damit ins Mondlicht. Freuen Sie sich auf die Reise, auf die Sie sich einlassen, und sprechen Sie leise oder laut:

*Mutter Mond, es ist Freude, die wir fühlen, und Liebe, die unser Herz erwärmt.*
*Dieses pelzige [gefiederte, schuppige usw.] Tier liebt uns ohne Ende und vertraut darauf, dass wir uns nie trennen werden.*
*Mit Weisheit. Liebe und freundlicher Führun, segne diesen neuen Freund.*

# LANGES LEBEN

Es vergeht so schnell, wir wollen es für immer, wissen aber, dass das beste Leben das ist, das man jeden Tag im Moment lebt … Egal wie lange. Verwenden Sie die latente Energie des Neumondes, um diesen Zauber zu sprechen, sprechen Sie leise oder laut:

*Neumond, begleite mich auf dieser Reise.*
*Möge deine ständige Gegenwart mich an dieses Versprechen erinnern:*
*Jeden Tag mit Liebe füllen, die mein Leben mit Freude erfüllt, dass ich, kommt der Tag,*
*Das Leben in vollen Zügen gelebt haben werde.*

# TROST

Wenn der Mond in eine neue Phase eintritt, können Sie, wenn Sie dazu bereit sind, überlegen, wie seine Heilkräfte helfen können, eine schmerzende Seele zu beruhigen. Sprechen Sie dann leise oder laut:

*Das ist das Schwerste, das ich je getan habe.*
*Der Verlust hat mein Leben auf eine Weise verändert, die ich vorher nicht kannte.*

*Ich sitze, schöner Mond, vor deiner Anmut und staune über deinen Anblick,*
*Wird Schönheit mein Leben wieder berühren, jenseits dieses flüchtigen Anblicks?*

*Der Mond antwortet: »Ja, das wird sein.« Und die Zeit hilft, zu heilen.*
*Kehre jede Nacht zurück. Wir werden uns an dem erfreuen, was Gottes Plan offenbart.*

# INSPIRATION FINDEN

Der Mond hat mehr Dinge inspiriert, als wir überhaupt aufzählen können. Sind Sie bereit, daran teilzuhaben? Dann sprechen Sie leise oder laut:

*Auf dein liebliches Gesicht zu schauen, soll Verlangen bringen,*
*Mit dem, so sagt man, du gerne Herz und Kopf inspirierst.*

*Richte deinen Blick auf mein Leben, um sein Verlangen zu beleben,*
*Worte oder Gedanken zu finden oder Wege, unermüdlich zu schaffen.*

# URLAUBSPLANUNG

Sie können einen Mondtanz (siehe Seite 126) in eine Party verwandeln, aber manchmal braucht man einfach Urlaub zum Erholen. Sprechen Sie leise oder laut:

*Neumond, du reist durch den Himmel, über seine endlosen Meere.*
*Hier stehe ich mit Karte, ohne Plan, aber die Reise lockt mich.*

*Entzünde den Funken, der inspirierende Ideen zum Leuchten bringt,*
*Den Koffer zu packen und mit neugierigem Verlangen fortzugehen.*

# FÜLLE

Ein Leben in Fülle kann verschiedenes bedeuten: Freunde, Liebe, Geld, Erkenntnis ... Worum auch immer Sie heute bitten möchten, flüstern Sie es dem Neumond zu und denken Sie daran, dass alles zu Ihnen kommt, was Sie brauchen, also seien Sie geduldig:

*Wie deine Phase von Neu zu Voll beginnt und heller du wirst.*
*Verleihe meiner Welt Fülle und Reichtum, Stunde um Stunde.*

# ERDUNGSMEDITATION

Wenn der Neumond sein Wachstum durch eine neue Phase beginnt, können Sie die Gelegenheit nutzen, sich sowohl mit seinen ausgleichenden Effekten als auch in der Energie der Erde zu verbinden, um wirklich in Ihrem Leben präsent zu sein.Der Granat ist wegen seiner erdenden Energien ein großartiger Stein dafür. Halten Sie Ihn, während Sie bequem mit Blick auf den Mond sitzen oder stehen, schließen Sie Ihre Augen und öffnen Sie Ihren Geist für seine stabilisierende Kraft. Spüren Sie Ihre Verbindung zum Boden unter Ihren Füßen oder zum Stuhl, auf dem Sie sitzen. Entspannen Sie und lassen Sie sich tief in diese Verbindung fallen. Sprechen Sie leise oder laut:

*Ich suche einen Ort, um meine Wurzeln in die Tiefe wachsen zu lassen,*
*Den Boden unter meinen Füßen und in der Gegenwart zu spüren.*
*Ich weiß, dass ich mit meiner Kraft und Klarheit den Himmel erreichen kann.*
*Meine Gaben mit all ihrem Wert zu verwenden, darum, lieber Mond, bitte ich.*

# ZAUBER BEI ZUNEHMENDEM MOND

INTENTIONEN ERHELLEN
STÄRKE, ENERGIE
SELBSTVERTRAUEN
UND BEGEISTERUNG
AUFBAUEN

## HOFFNUNG IST EINE EIGENE ART MAGIE

Der zunehmende Dreiviertelmond ist voller potenzieller Energie, in der wir unsere Absichten wachsen sehen können. Um die Hoffnung am Leben zu erhalten und die Energie fließen zu lassen, benutzen Sie diesen einfachen Spruch:

*Zunehmender Mond, wachsendes Licht,*
*Entzünde das Brennen der Freude der Hoffnung.*
*Denn die Hoffnung ermutigt den Willen,*
*Mutig und hell zu blühen.*

## VERGISSMEINNICHT

Die Wachstumsphase ist perfekt, um die Absicht zu wecken, Erinnerungen zu wecken – seien sie lange vergessen, lieb geworden und verloren oder alles dazwischen. Halten Sie etwas Rosmarin, Rosenquarz oder Vergissmeinnicht, um den Zauber zu verstärken, und sprechen Sie leise oder laut:

*Die Süße deines Duftes ist nahe. Ich wache auf, es ist ein Traum.*
*Denn das Leben, diese Zeit, war so erhaben, wann immer du mir nahe warst.*
*Ich denke jeden Tag an dich und hoffe, du tust es auch.*
*Ein Wunsch, bitte, gerade heute, denke an mich.*

# WUNSCHERFÜLLUNG

Man kann sich immer nach den Sternen greifen, aber den Mond zu bitten, kann helfen, Wünsche schneller zu erfüllen! Sprechen Sie leise oder laut:

*Ob Mond, Stern oder Regenbogen, der Goldtopf ist für mich da.*
*Ich wünschte, ich könnte meinen Wunsch noch heut erfüllen,*
*Bevor die Nacht vergeht und ein süßes Wiegenlied zur Ruhe singt.*

# ERFOLG

Schon ein kleiner Erfolg kann Sie glücklich machen. Aber wenn Sie einen Anstoß brauchen, sprechen Sie mit dem Mond – ich bin sicher, er wird zuhören. Sprechen Sie leise oder laut:

*Glück, Ruhm, Erfüllung; Sieg, Profit gedeihen.*
*Glücklich, gesund, wohlhabend; gewinnen, siegen, erreichen.*
*Zunehmender Mond, gib mir Erfolg, so wie du wächst.*

## FREUDVOLLES LEBEN

Sprechen Sie leise oder laut:

*Oh wachsender Mond, bereichere meine Welt mit Licht, das ich sehen kann,*
*Die Fülle an Schönheit, Wahrheit und einfachen Freuden, überall.*
*Die Möglichkeiten, wenn ich sie sehe, bedeuten freudiges Leben.*

## NEUE ABENTEUER

Verspüren Sie das Bedürfnis, Ihre Flügel auszubreiten oder das neue Abenteuer zu suchen? Öffnen Sie Ihr Herz für die Inspiration des Mondes, der Sie auf den Weg bringen wird. Sprechen Sie leise oder laut:

*Sanfter Mond, du segelst durch die himmlischen Meere,*
*Dein Weg soll meine Wanderlust befriedigen.*
*Mit Plan und freiem Geist,*
*Segle voran, damit ich dir folge.*

# FRIEDFERTIGKEIT

Dies ist eine große Aufgabe, und dieser einfache Zauber kann helfen sein, positive Schwingungen um Sie herum zu erhöhen, oder auch, in die Welt hinauszugehen, wenn Sie das wünschen. Nutzen Sie den zunehmenden Mond, um Ihre Intentionen für ein friedliches Leben festzulegen, und rezitieren Sie dann leise oder laut:

*Zunehmender Mond, dein wachsendes Licht leuchtet hell von oben.*
*Es weckt Hoffnung und lässt von friedlichen Zeiten träumen.*
*Richte deinen Blick mit heilender Liebe auf alle, die dich jetzt sehen,*
*Dieses Licht kann ein einzelnes Herz zum Handeln anregen wie eine Friedenstaube.*

Nehmen Sie sich einen Moment Zeit, um dem Mond für seine Hilfe zu danken, und seien Sie dankbar für den Frieden.

# SCHMERZEN LINDERN

Wenn kleine Schmerzen die alltägliche Freude verderben oder der Produktivität im Weg stehen, kann die heilende Wärme des Mondes diese lindern. Stellen Sie sich vor, dass die Strahlen des Mondes sanft auf die schmerzende Stelle fallen. Fühlen Sie die Wärme. Wenn Sie bereit sind, sprechen Sie leise oder laut:

*Wenn Schmerzen zunehmen, beschwöre ich den Anblick,*
*Von warmem Mondglühen und Feen, hüpfend vor Freude.*
*Oh, beruhigende Strahlen und freudiger Anblick, bringt Heilung mit eurem Licht.*

# FRUCHTBARKEITSSEGEN

Wenn Sie sich nach dem Tapsen kleiner Füße sehnen, ist Göttin Mond sicher auf Ihrer Seite. Für diesen Zauber können Sie auch die Hilfe einiger der Göttinnen in Anspruch nehmen, die für Fruchtbarkeit verehrt werden. Isis, Freya, Arianrhod und Diana, um nur einige zu nennen.

Nehmen Sie alle Utensilien, die Sie brauchen, wie Senf, Myrte oder Mondstein, vielleicht eine Kerze, und stellen Sie einen Altar unter dem zunehmenden Mond auf. Fühlen Sie, wie das wachsende Licht des Mondes Sie mit den Energien füllt, die Sie brauchen, um zu wachsen und neues Leben hervorzubringen. Konzentrieren Sie sich auf Ihre Intentionen. Sprechen Sie ruhig oder laut:

*Ich stehe jetzt hier, voller Emotionen, mit dankbar ausgestreckten Armen.*
*Möge mein Wunsch bei dir fruchtbar sein, dass ich schwanger werde.*
*Meine Hoffnungen und Ängste bringe ich mit, den Rest weiß ich nicht.*
*Oh Göttin Mond, ob Junge oder Mädchen, wende deinen Zauber an.*

## INTUITION

Die Schwingungsenergie des zunehmenden Mondes kann Ihre natürliche Intuition verstärken. Egal, ob Sie einen Schub aus einer Krise oder ob Sie Beruhigung brauchen, um Ihrer Intuition vertrauen zu können, versuchen Sie diesen Zauber.

Stehen oder sitzen Sie ruhig, schließen Sie die Augen. Lassen Sie ihren Geist ruhig sein und hören Sie auf Ihr Herz. Sind Sie nicht sicher? Sprechen Sie leise oder laut:

*Reinigender Mond, wirf dein Licht, vertreibe die Schatten.*
*Ich bitte dich, hör meinen Schrei, wecke meinen Blick.*
*Stärke mein inneres Auge, macht klar, was ich nicht sehe.*

## WIE CHARMANT!

Wenn Sie einfach nicht die richtigen Worte finden, um zu sagen, wie Sie sich fühlen, kann dieser einfache Zauber helfen, den Charme zu aktivieren. Nehmen Sie sich kurz Zeit, sich das Ziel Ihrer Bezauberung vorzustellen. Atmen Sie tief ein und sprechen Sie leise oder laut:

*Betörender Mond, verzaubernder Mond, mein Herz hat den Einen gefunden.*
*Mit Worten von Charme und geheimnisvoller Aura,*
*Ich suche hypnotisierende Worte,*
*Die frei von meiner Zunge fließen.*

# EINIGE HABEN IMMER GLÜCK

Probieren Sie diesen einfachen Zauber während einer der zunehmenden Mondphasen aus, wenn Energie und Spannung sich aufbauen und Kraft haben, Sie anzutreiben.

Nehmen Sie eine goldene oder orangefarbene Kerze und einige Streichhölzer. Setzen Sie sich bequem mit Blick zum Mond. Stellen Sie die Kerze auf eine hitzebeständige Oberfläche und zünden Sie sie an. Nehmen Sie sich kurz Zeit, damit sein Licht Sie mit Optimismus erfüllt, während Sie negative Gedanken loslassen.

Sprechen Sie leise oder laut:

*Diese Flamme, die ich sehe, brennt hell und frei,*
*Möge der Reichtum des Glücks zu mir zurückkehren.*

Löschen Sie die Kerze und denken Sie an all das in Ihrem Leben, worüber Sie glücklich sind.

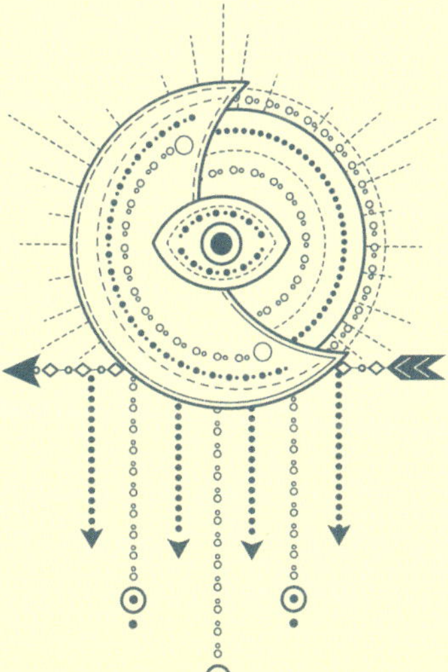

# *FREUNDSCHAFT*

Wenn Sie sich nach Gesellschaft sehnen, kann der zunehmende Mond Ihr bester Freund sein.

Nehmen Sie eine rote oder rosafarbene Kerze und Streichhölzer. Setzen Sie sich an einen ruhigen Platz und zünden Sie die Kerze auf einer hitzebeständigen Unterlage an. Machen Sie Ihren Geist frei, während das Licht Sie mit Frieden erfüllt. Atmen Sie lang und langsam und stellen Sie sich dabei vor, was Sie mit einem neuen Freund unternehmen würden, mit einem Gleichgesinnten, dem gefällt, was Sie tun. Wenn Sie bereit sind, sprechen Sie leise oder laut:

*O Göttin der Liebe und Göttin Mond, öffnet eure Herzen.*
*Möge die Liebe sprießen, um mein Leben mit tiefer und wahrer Freundschaft zu erfüllen.*
*Ich gelobe, so viel zu geben wie zu empfangen in der neuen Freundschaft.*

Wiederholen Sie das, so oft Sie möchten. Lassen Sie die Kerze brennen, und stellen Sie sich weiterhin gemeinsam mit Ihrem neuen Freund vor. Lassen Sie Ihre Energien offen, um neue Leute kennenzulernen.

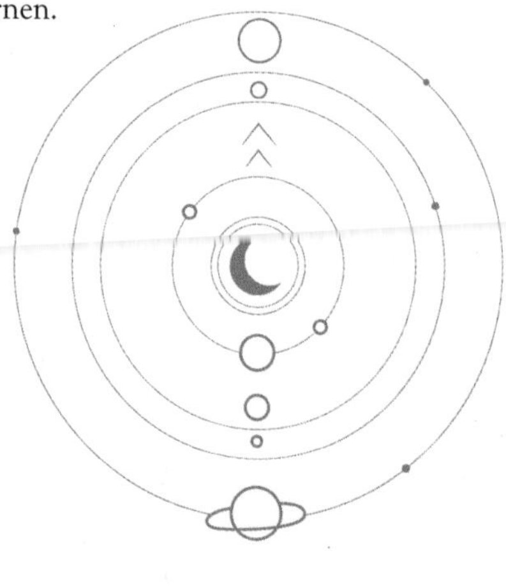

# WERDEN SIE KREATIV!

Die Phase des zunehmenden Mondes ist die Zeit für kreatives Tun. Haben Sie Ihre Intentionen festgelegt und den Prozess gestartet? Dann lassen Sie sich nicht davon abhalten, Ihre Wünsche zu erfüllen. Jetzt ist es Zeit, Ihre Energie aufzufüllen und Ihren kreativen Geist fliegen zu lassen. Opal, Ylang-Ylang und die Farbe Gelb sind mögliche Verstärker für die Ideen und die Fantasie, die Sie suchen.

1. Denken Sie an die Intentionen, die Sie gesetzt haben.
2. Wenn Sie mit Kristallen, Kräutern, Ölen oder anderen Mitteln arbeiten möchten, legen Sie sie auf Ihren Altar. Setzen Sie sich ruhig hin, richten Sie Ihre Aufmerksamkeit auf ihre Schönheit (Duft, Farbe, Form usw.) und lassen Sie Ihre Gedanken frei fließen.
3. Welche Gedanken inspirieren Sie zum Handeln? Welche inspirieren zu neuen Ideen? Welche inspirieren zum Nachdenken? Halten Sie sie in Ihrem Tagebuch für weitere Meditationsarbeit fest.
4. Wenn Sie bereit sind, sprechen Sie leise oder laut:

*Das helle Licht des Mondes mit seinen Regenbogenfarben*
*Ist eine endlose Quelle wechselnden Anblicks.*
*Seine Formen und die Schatten, die es wirft,*
*Sind ständig wechselnde Zeichen,*
*Dass sich das Leben ändert.*
*Wenn neue Ideen blühen und wachsen sollen,*
*Musst du zuerst mit Glauben beginnen. Und du musst*
*Säen, nähren, handeln, ernten,*
*Du hast keine Zeit zu verlieren, wage den Sprung.*
*Der Mond wird den Weg erhellen.*

# MUT ZUM HANDELN

Der zunehmende Mond ist die Zeit, Maßnahmen zu ergreifen, und manchmal erfordert das etwas mehr Mut, als wir haben. Sie haben die Samen Ihrer Intentionen gepflanzt, genährt und wachsen lassen. Mit ihrer bevorstehenden Blüte fragen Sie sich vielleicht, ob Sie Ihre Energien auf die richtige Aufgabe gerichtet haben. Vertrauen Sie Ihren Instinkten und dem erleuchtenden Mond, die Dinge zu ihrem natürlichen Ausgang zu führen. Dieser Zauber kann ein bisschen mehr Mut bewirken: Fenchel, Thymian, Basilikum und Aquamarin sind die Mittel, mit denen Sie ihn durchführen können.

Stellen Sie sich in das Licht das zunehmenden Mondes, friedlich und dankbar für die Gelegenheit, seine Gaben zu erhalten. Konzentrieren Sie sich auf die Intention, die Sie gesetzt haben, oder die Fragen, die Sie haben. Sprechen Sie dann leise oder laut:

*Mit offenem Herzen und bereitwilligem Geist suche ich deine Weisheit.*
*Mit offenem Geist und bereitwilliger Hand leite meine Handlungen.*
*Mit offenen Augen und bereitwilligem Mut*
*Nehme ich den weniger bekannten Weg.*
*Göttin Mond, dein Leuchtfeuer erleuchtet meinen Weg*
*Zu noch unbekannten Segnungen.*

Nehmen Sie sich einen Moment Zeit, um das Licht einzuatmen und Ihr Inneres mit Mut und Zuversicht zu füllen.

# VOLLMOND-ZAUBER

ENERGIE,
FESTLICHKEITEN,
DANK,
FÜLLE

# HEILENDE ENERGIE

Der Vollmond ist eine Zeit der Heilung, und dieser Zauber wird helfen, Ihren Körper von dem zu reinigen, was weh tut oder krank ist. Neumond und zunehmender Mond sind auch gute Zeiten, dies zu wiederholen.

Zauberglas herstellen: Nehmen Sie ein kleines Glas mit Deckel, einen persönlichen Gegenstand, der für Ihre Krankheit oder Ihren Schmerz steht, ein Stück Papier und einen Stift und etwas Flüssigkeit (Mondwasser, siehe Seite 125, oder Wein).

Schreiben Sie auf das Papier Ihre Intention , z.B. körperliche oder emotionale Schmerzen zu heilen oder Frieden und Akzeptanz für ein Problem zu finden. Seien Sie spezifisch. Falten Sie das Papier dreimal und geben Sie es mit Ihrem persönlichen Gegenstand und der Flüssigkeit in das Glas. Schließen Sie den Deckel.

Halten Sie das Glas, stellen oder setzen Sie sich in das Licht des Vollmondes. Lassen Sie sich wie von einer warme Decke zudecken. Atmen Sie langsam ein und spüren Sie, wie die Wärme durch Ihre Lungen und Ihren Oberkörper zu Ihren Zehen fließt. Atmen Sie langsam aus und spüren Sie, wie der Atem den Schmerz durch Ihre Kopfhaut nach oben hinausträgt. Wiederholen Sie das, bis Sie sich ruhig und zentriert fühlen, konzentrieren Sie sich auf Ihren Atem: ein – aus. Sprechen Sie dann leise oder laut:

*Heilender Mond, ich flehe dich an, in dieser Zeit der Krankheit.*
*Sende dein Licht, lass Frieden fließen.*
*Ich bete, dass dein Segen von oben*
*Mein Leben mit heilender Liebe füllt.*

Wiederholen Sie das Ritual nach Bedarf. Vergraben Sie das Glas, wenn Sie sich besser fühlen und den Schmerz loslassen können.

# ENERGIESCHUB FÜR IHREN LIEBLINGS-FUSSBALLKLUB

Nehmen Sie einen Bergkristall (wenn möglich frisch vom Vollmond aufgeladen), um mit maximaler Energie Ihre Schwingungen in den Raum zu übertragen, und ein Objekt, das Ihr Team repräsentiert (Trikot, Kappe, Foto usw.). Legen Sie den Kristall auf das Objekt und nehmen Sie sich eine Minute Zeit, Ihre Energien mit dem Kristall zu verbinden. Wenn Sie bereit sind, sprechen Sie leise oder laut:

*Strahlender Kristall, erhöre meine Bitte,*
*Lass uns das Spiel Drei zu Null gewinnen.*
*Oder höher, das wär ein Segen,*
*Brillanter Kristall, erhöre meine Bitte.*

Dreimal wiederholen. Stellen Sie sich dann die Siegesfeier vor und danken Sie dem Kristall für seine Hilfe.

# ROMANTISCHE LIEBE

Man kann den Willen eines anderen nicht mit Liebeszauber lenken, aber Sie können ihm eine Liebesbotschaft über die Energien des Universums schicken oder die Wege zu Ihrem Herzen öffnen. Das wirkt wie eine unbewusste Umarmung, die die Verbindung stärkt. Der Vollmond ist die perfekte Zeit, die Energie der reichen Liebe in Ihr Herz zu leiten und sich mit diesem besonderen Menschen zu verbinden.

Nehmen Sie rotes Papier, eine Schere, einen schwarzen oder goldfarbenen Stift, Rosenquarz oder Rubin, Streichhölzer, eine feuerfeste Schale und eine rote Rose, eventuell auch ein Foto der Person.

1. Stellen Sie die Gegenstände auf eine hitzebeständige Oberfläche und errichten Sie einen Altar.
2. Schneiden Sie aus dem roten Papier ein Herz aus.
3. Schreiben Sie den Namen der geliebten Person in die Mitte des Herzens und malen Sie drei Linien darunter.
4. Falten Sie das Herz und schreiben Sie Ihren Namen auf jede Hälfte außen auf das Herz, um es mit Ihrer Liebe zu umhüllen.
5. Halten Sie das Papierherz und den Kristall an Ihr Herz, stellen Sie sich Ihre Liebe vor. Sprechen Sie dann leise oder laut:

*Leidenschaftlicher Kristall, sei mit Liebe aufgeladen. Verbinde Herzen und Gedanken.*

6. Legen Sie das Papierherz in die Schüssel und zünden Sie es an. Stellen Sie sich die Flammen vor, die Liebe und Verlangen entzünden und Ihre Botschaft durch den Kosmos tragen.
7. Löschen Sie die Flamme, halten Sie den Kristall und spüren Sie seine liebevolle Schwingung.
8. Stellen Sie eine Vase mit der Rose neben Ihr Bett und legen Sie den Kristall unter Ihr Kissen. Träumen Sie von Ihrer Liebe.

# JEMAND BESONDEREN GEWINNEN

Wenn Sie jemandes Aufmerksamkeit gewinnen wollen, der Ihnen aufgefallen ist, und Sie sehen wollen, ob Funken fliegen, verwenden Sie diesen Zauber:

1. Nehmen Sie zwei Rosenknospen (nur die Blüten) der gleichen Farbe und entfernen Sie vorsichtig die Blütenblätter.
2. Legen Sie einen großen Teller mit Papiertüchern aus und vermischen Sie die Blätter gründlich. Bedecken Sie die Blütenblätter mit einem weiteren Papiertuch und stellen Sie sie 2 Minuten lang bei hoher Leistung in die Mikrowelle. Vermischen Sie die Blütenblätter erneut und stellen Sie sie für eine weitere Minute in die Mikrowelle. Wenn sie nicht vollständig getrocknet sind, in 15- bis 30-Sekunden-Intervallen in die Mikrowelle stellen, bis sie trocken sind.
3. Legen Sie die getrockneten Blütenblätter in eine Glasschale oder einen Beutel und geben Sie einen kleinen Rosenquarz oder Granat hinzu – und wenn Sie möchten, noch einen oder zwei Tropfen ätherisches Rosenöl.
4. Stellen Sie den Teller in den Vollmond. Stellen Sie sich die auserwählte Person vor und sprechen Sie leise oder laut:

*Vollmond, gib diesen Blütenblättern deine Energie und dein Licht.*
*Vollmond, verzaubere diesen Kristall, dass seine Botschaft Flügel bekomme.*
*Vollmond, verzaubere meinen Geist, dass er verführerisch werde.*

Danken Sie dem Mond und stellen Sie sich vor, wie Ihre Funken ins Universum fliegen. Wiederholen Sie den Zauber so oft wie gewünscht.

# GLÜCK

Dill und die Farbe Grün sollen Glück bringen. Die Energie des Vollmondes zu nutzen, hilft, die Kraft des Glücks mit der Schwerkraft zu absorbieren. Führen Sie diesen einfachen Zauber durch, wenn Sie einen Anstoß zum Glück brauchen.

Nehmen Sie einige Dillsamen, einen großen Tontopf, etwas Blumenerde, Kies und Wasser. Tragen Sie alles ins Freie und stellen Sie sich ins Mondlicht (der Vollmond hat das höchste Energiepotenzial). Konzentrieren Sie Ihre Gedanken auf den Bereich, in dem Sie einen Glückstreffer landen möchten. Seien Sie präzise und stellen Sie sich vor, wie es passiert.

Geben Sie etwas Kies als Drainage in den Topf. Füllen Sie den Topf mit Erde und streuen Sie die Samen darüber. Bedecken Sie sie mit einer dünnen Erdschicht. Gießen Sie die Samen und sprechen Sie dabei leise oder laut:

*Prachtvoller Mond, ich bitte deine Energie, diese Samen zu erwärmen,*
*Dass mein Glück so reichlich und furchtlos wachse wie sie.*
*Danke für dein nährendes Licht.*

Stellen Sie den Topf an einen warmen Platz, wo er zusätzlich zum Mondlicht auch Sonnenlicht erhält, damit die Samen in etwa zehn Tagen keimen können. Überprüfen Sie die Samen regelmäßig und gießen Sie sie, wenn sie trocken sind. Fühlen Sie Ihr Glück, wenn die Dillpflanzen immer höher werden.

Verwenden Sie die frischen Kräuter für Gerichte wie Suppen und Gurken, Kartoffelsalat und Lachs und streuen Sie etwas Glück in Ihre täglichen Mahlzeiten.

## KLARHEIT

Der Vollmond ist eine gute Zeit, voll und klar zu sehen. Wenn Sie sich etwas verwirrt fühlen und Hilfe brauchen, um die Spinnweben wegzukehren, versuchen Sie diesen Zauber:

*In Vollmond stehe ich, Hilfe suchend,*
*Den Nebel aus meinen Augen zu wischen.*
*Damit klar ich sehe, was mir wichtig ist,*
*Um u tun, was nötig ist.*
*Vollmond, nimm meine Hand - hilf mir, zu verstehen,*
*Meine Träume und Wünsche zu verwirklichen.*

## DANKBARKEIT

Der Vollmond erfüllt uns ganz. Nehmen Sie sich einen Moment Zeit, sich zu verneigen und Dank zu sagen für die Fülle, die er unserem Leben gibt und die wir weitergeben sollen. Sprechen Sie dann leise oder laut:

*Ich danke dir, Mond, für alles, was du tust, um mich zu führen und zu trösten.*
*Ich danke euch, Freunde, für all eure Liebe, Unterstützung und Freude.*
*Und so stehe ich unter deinem Licht mit einem Herzen so voller Liebe,*
*Wissend, dass mein Leben gesegnet ist, denn ohne dich habe ich keine Liebe.*

## ANDEREN HELFEN

Wie wir gelernt haben, können Zaubersprüche andere nicht beeinflussen, sondern sind eher an uns selbst gerichtet. Das bedeutet aber nicht, dass man nicht einen Zauber sprechen kann, der einem hilft, die Not anderer zu erkennen und einzuspringen. Um Ihren Blick zu erweitern, andere in den Fokus zu rücken, rufen Sie den Glanz des Vollmond um Hilfe. Sprechen Sie leise oder laut:

*Sanfte Kugel der Fülle,*
*Deren Kraft die Erde wiegt,*
*Offenbare mir meine Gaben,*
*Den Mangel zu beheben.*

## SCHÖNES WETTER

Ob Hochzeit, Reise, Sportevent oder freier Tag, schönes Wetter ist immer willkommen. Bitten Sie den Vollmond um Hilfe bei der Vorhersage. Sprechen Sie leise oder laut:

*Guter Mond, guter Wind, gutes Wetter,*
*Dass alle sich an diesem Tag erfreuen,*
*An diesem Tag zum Feiern!*

# MACHTZAUBER

Spüren Sie die Kraft? Nein? Dann wenden Sie sich an den mächtigen Vollmond, um einen Energieschub zu bekommen, der Ihnen gibt, was Sie brauchen. Sprechen Sie laut oder leise:

*Es gibt zahlreiche Mächte, diesmal aber nur eine.*
*Vollmond, hilf mir, den Mut zusammen zu nehmen, den ich brauche,*
*Ihnen zu zeigen, ja, die Macht ist meine, in der Tat!*

# HEIRATSANTRAG

Der Vollmond kann das volle Ausmaß der Liebe in uns hervorbringen. Wenn Sie einen Antrag machen wollen und es damit eilig haben, legen Sie Ihren Fall dem Mond vor. (Sie können das auch machen, wenn Sie gerade all Ihren Mut zusammennehmen, um den Antrag zu machen.) Sprechen Sie leise oder laut:

*Funkelnder Mondstaub glitzert und leuchtet,*
*Während magisches Mondlicht meine Zehen kitzelt.*
*Glücklich und geliebt fühle ich mich bei dir.*
*Wenn wir verheiratet sind, weiß ich, dass wir wachsen werden,*
*Von eins zu zwei und mehr vielleicht,*
*Die sich in unserer Liebe als neue Familie sonnen.*

# FÜR AUFGESCHLOSSENHEIT

Wenn Sie mit jemandem nicht übereinstimmen, stellen Sie ihm lieber eine Frage. Öffnen Sie Geist und Herz, um mit der Zeit zu gehen, neue Dinge zu lernen und Dinge aus der Perspektive eines anderen zu sehen.

Füllen Sie eine kleine Schüssel mit kaltem Wasser und fügen Sie ein paar Tropfen Ihres bevorzugten ätherischen Öls hinzu, um Ihre Stimmung zu heben. Schließen Sie Ihre Augen, tauchen Sie Ihre Finger in das Wasser und kreisen Sie darin herum. Spüren Sie die beruhigende Weichheit des Wassers und atmen Sie den Duft ein. Sprechen Sie leise oder laut:

*Heller Mond, erleuchte mich, mehr zu hören, als zu reden,*
*Lass mich Hinwendung zeigen, einen Stolperstein beseitigen.*
*Denn Angst kann uns dazu bringen, zu widersprechen, wenn wir teilen sollten*
*Die so seltene Liebe zu Frieden, Menschlichkeit und Harmonie.*

# SALZZAUBER ZUM SCHUTZ DES HEIMES

Salz, insbesondere Himalayasalz (siehe Seite 71), ist von den Energien der Erde durchdrungen. Kombinieren Sie es mit dem Mond zu einem mächtigen Zauber, um Ihr Zuhause zu schützen.

Füllen Sie eine kleine Schale mit Salz und stellen Sie sie über Nacht in das Licht des Vollmondes, um die Energien zu vereinen. Gehen Sie am nächsten Tag im Uhrzeigersinn (siehe Seite 48) um Ihr Haus oder um einen Raum, tragen Sie dabei das Salz und sprechen Sie leise oder laut:

*Mond und Erde, verbindet eure Energie, um dieses Heim zu schützen,*
*Dass wir sicher sind vor Schaden bei Tag oder bei Nacht.*

Sie können ein wenig Salz draußen um Ihr Haus streuen, aber passen Sie auf, zu viel kann für Rasen und Pflanzen schädlich sein.

# VERLORENES FINDEN

Stellen Sie sich den Vollmond als eine superstarke Taschenlampe vor, deren Gravitationskraft Sie zu dem Gegenstand ziehen kann, den Sie verlegt haben. Versuchen Sie es!

*Die Gezeiten der Natur hören auf deinen Ruf, und sie gehorchen schnell.*
*Wirf deine schimmernden Strahlen, um mir mit dieser Bitte zu helfen,*
*Denn dieses Ding, das ich brauche, ist verloren, nicht an seinem Platz,*
*Kehre zu mir zurück, mit des Mondes Schwerkraft, was in Zeit und Raum verloren.*

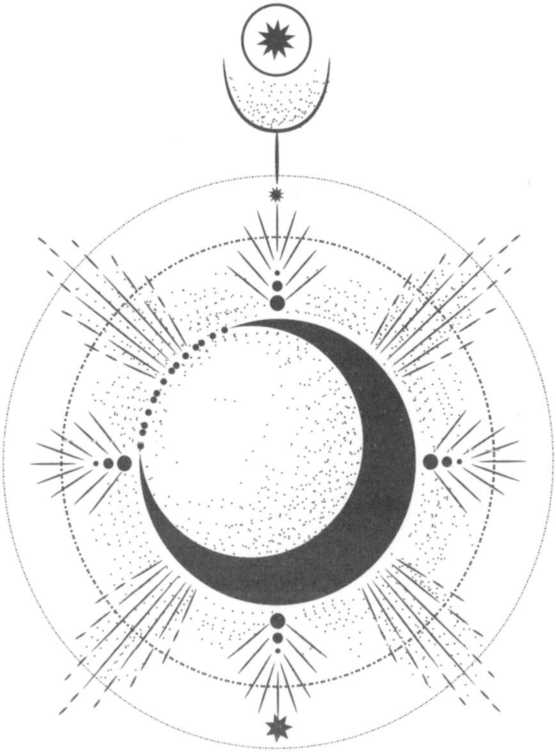

# ZAUBER BEI ABNEHMENDEM MOND

REFLEXION, LERNEN,
LOSLASSEN VON UNNÖTIGEM,
RUHE, ERNEUERUNG

# DAS BÖSE VERBANNEN

Benutzen Sie diesen Zauber während des abnehmenden Halbmondes, um loszuwerden, was Sie davon abhält, Ihre Ziele zu verwirklichen und um Negativität aus Ihrem Leben zu verbannen. Machen Sie ein Salbei-Räucherwerk (siehe Seite 117) oder verwenden Sie Salbei-Spray (siehe Seite 119), um schlechte Schwingungen zu vertreiben.

Setzen Sie Ihre Intentionen an einem ruhigen Ort mit Blick auf den Mond. Wenn Sie bereit sind, sprechen Sie leise oder laut:

*Dein Licht wird schwach, doch keine Angst.*
*Es führt uns immer noch, wenn Träume erscheinen.*
*Manche sagen Nein oder blockieren den Weg,*
*Sie seien verbannt und mögen fernbleiben.*

# DEN FEIND ABWEHREN

Es gibt keinen besseren Zeitpunkt, sich von jemandem zu befreien, der Schaden anrichten will. Stellen Sie mit den reinigenden Energien des Mondes die Ordnung und das Gleichgewicht Ihrer Welt wieder her. Machen Sie sich die Gefahr bewusst und fokussieren sie Ihre Intentionen, sprechen Sie leise oder laut:

*Göttin Mond, Kriegerin der Nacht, ich flehe dich an.*
*Bei drohender Gefahr strecke deine Arme aus, halte mich sicher.*
*Schütze und beruhige mich, gib mir die Kraft, zu bekämpfen, was mich schwächen will.*

Machen Sie eine kurze Pause, spüren Sie die Stärke des Mondes und die Entschlossenheit in sich.

# GEDULD UND VERSTÄNDNIS

Nicht jeder denkt oder handelt wie Sie. Aber Sie können viel von den Unterschieden in unserer Welt lernen, wenn Sie sich dafür Zeit nehmen. An Tagen, an denen Sie sich im Vergleich zu anderen unbehaglich fühlen, können Sie im beruhigenden Mondschein den Ausgleich finden. Sprechen Sie leise oder laut:

*In stillem Licht stehe ich in Frieden; ich höre auf die Worte.*
*Mit ruhigem Geist höre ich, wie die Hymne des Lebens ihre Melodie entfaltet.*
*Von ruhigem Herzen bin ich, und du wirst mir helfen, den Rhythmus zu finden,*
*Singt uns alle, mit euren Worten, im Einklang ein Lied.*

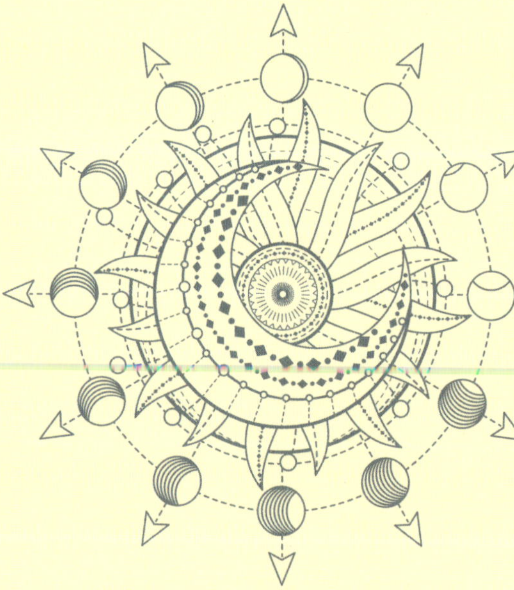

# BEZIEHUNGSPROBLEME

Sie haben wahrscheinlich schon über eine möglichst positive Lösung dafür nachgedacht. Orientieren Sie sich an den schwindenden Energien in der Phase des abnehmenden Modes, um innezuhalten und tief in Ihr Inneres zu lauschen. Überlegen Sie, was Sie wollen und was Sie haben – und was Sie tun können, um beides in Übereinstimmung zu bringen.

In dieser Zeit der Unsicherheit kann das Selbstgespräch negativ werden. Nutzen Sie den wunderschönen Schein des Mondes, um Ihre innere und äußere Schönheit zu erkennen. Versuchen Sie diesen Spruch, wenn Sie ein wenig Selbstliebe brauchen:

*Mutter Mond, halt mich fest, wisch meine Tränen weg.*
*Lass mich auf dein Gesicht schauen, dass ich klar sehen kann.*
*Ich bin wertvoll, ich bin geliebt, ich bin bereit, ich bin ich.*
*Ich bin dankbar, ich bin stark, ich bin jemand, ich bin ich.*

Beglückwünschen Sie sich für das, was Sie heute geleistet haben, auch wenn es noch so schwer es fiel, denn Sie wissen, dass Sie morgen eine weitere Chance haben.

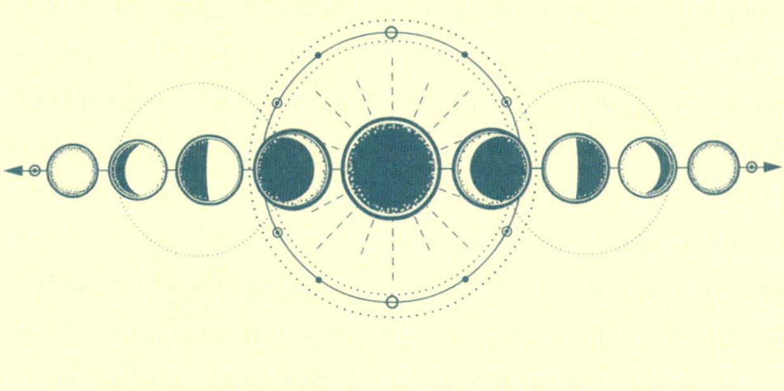

# *VERGEBUNG*

Vergebung ist schwer zu bekommen, besonders wenn es darum geht, sich selbst zu vergeben. Versuchen Sie diesen einfachen Zauber, wenn Ihr Herz schwer und Vergebung der einzige Weg zur Heilung ist. Es ist Ihr Geschenk an Sie. Der abnehmende Halbmond ist eine besonders gute Zeit zur Vergebung.

Der betörende Duft einer Rose kann die Nerven beruhigen und Gefühle von Wut und Groll heilen, damit Ihr Herz sich für Heilung und Vergebung öffnen kann. Ebenso kann Rosmarin, die Pflanze des Gedenkens, verwendet werden, um angenehme Erinnerungen zu bewahren und verletzende loszuwerden. Der Raum, der dadurch frei wird, füllt sich nun mit Vergebung.

Nehmen Sie einen kleinen Strauß duftender Rosen (eine reicht auch schon) oder frischen Rosmarin. Halten Sie die Blüten oder das Kraut im Licht des abnehmenden Mondes an Ihre Nase. Atmen Sie tief und langsam ein und stellen Sie sich vor, wie der heilende Duft, der Sie erfüllt, Ihre negativen Gedanken oder Gefühle absorbiert. Atmen Sie langsam aus, fühlen Sie Ihren Atem und lassen Sie die Negativität los. Atmen Sie weiter ein und aus, bis Sie sich ruhig und zentriert fühlen. Sprechen Sie leise oder laut:

*Mit allem, was frisch und neu ist,*
*Öffne ich mein Herz, um zu vergeben.*
*Führe mich, Mond, erleuchte den Weg, der mich zur Akzeptanz bringt.*
*Ich atme diese Düfte, die meinen Schmerz heilen,*
*Die mich jetzt mit Freude erfüllen.*
*Ich bin geliebt, ich bin genug – und ich vergebe.*

## EINSICHT/PROBLEMLÖSUNG

Das Dunkel der Phase des abnehmenden Sichelmondes ist eine Zeit, in der die Dinge von Natur aus langsamer werden. Das energetisierende Licht des Mondes erreicht seine geringste Stärke. Jetzt ist die perfekte Zeit für eine Bestandsaufnahme der Ergebnisse Ihrer Intentionen in diesem Mondzyklus und für die Suche nach Lösungen für Ihre Probleme. Sprechen Sie diesen Zauber, wenn Sie durch die Dunkelheit und das Licht der Wahrheit sehen wollen.

*Ruhender Mond, dessen Dunkelheit den Tag erfüllt,*
*Gib Zeit, mein Licht auf die Gedanken zu richten, die ich verborgen hatte.*
*Möge Weisheit erblühen und die Wahrheit erkannt werden*
*Auf dass die Probleme schwinden.*

## SEGEN FÜR DIE FAMILIE

In dieser Zeit der Ruhe und Erneuerung sollte man sich wieder mit Freunden und Familie verbinden, die man in geschäftigeren Zeiten vernachlässigt hat. Dieser Zauber kann Ihnen helfen, liebevolle Schwingungen ins Universum zu senden. Sprechen Sie ihn leise oder laut, und achten Sie darauf, was zu Ihnen zurückkommt.

*In Zeiten der Dunkelheit leuchten Freundschaften.*
*In Zeiten der Dunkelheit hält die Familie zusammen.*
*In Zeiten wie diesen, wenn das Licht des Mondes schwindet,*
*Seid bedacht, zu lieben, was euch stützt.*
*Oh Göttin Mond, oh Mutter der Nacht,*
*Sanft leuchte dein schützendes Licht.*

# DEN LEBENSLAUF ÜBERARBEITEN

Vielleicht haben Sie sich im Neumond vorgenommen, einen neuen Job zu finden, und sind mit den Vorbereitungen dafür beschäftigt. Die Reflexionsphase des abnehmenden Mondes ist die ideale Zeit, Ihren Lebenslauf abzustauben, damit er so hell leuchtet wie Sie!

Ein Tagebuch über Ihre Vorlieben, Abneigungen, Erfolge, Herausforderungen und Ziele und über Bereiche, die Sie gerne ausbauen und verbessern möchten, ist ein großartiges Brainstorming für das Aufpolieren Ihres Lebenslaufs.

Das kann eine schwierige Aufgabe sein, senden Sie also, bevor Sie damit beginnen, diesen Spruch an den Mond, damit sein Licht und Glanz zu Ihnen zurückkommen:

*Ich bin mutig.*
*Ich bin kreativ.*
*Ich bin fleißig.*
*Ich bin einzigartig.*
*Meine Talente werden ich nutzen – auf jede denkbaren Weise.*
*Mein Lebenslauf ist nur der Anfang, zu zeigen, wer ich bin.*

Nehmen Sie sich einen Moment Zeit, um für Ihre Einzigartigkeit dankbar zu sein, und überarbeiten Sie dann Ihren Lebenslauf

# *ENTSPANNUNGSZAUBER*

Zusätzlich zu einem beruhigenden Ritual wie dem Mondbad (siehe Seite 126) oder der Arbeit mit beruhigenden Kristallen (siehe Seite 62) kann dieser Zauber dazu beitragen, Ihre Nerven und Ihre Seele zu beruhigen, wenn Sie wenig Zeit haben. Da die Orientierung am abnehmenden Mond befreiend wirken kann, verwenden Sie ihn, um sich neu zu konzentrieren und ruhig zu bleiben.

Nehmen Sie sich Zeit, ruhig zu sitzen und still zu sein. Schließen Sie die Augen, um Ablenkung zu vermeiden. Konzentrieren Sie sich auf Ihre natürliche Atmung, ganz präsent in dem friedlichen Moment, den Sie geschaffen haben. Wenn Sie bereit sind, sprechen Sie leise oder laut:

*Mit der Dunkelheit nehmen die Ängste zu.*
*Ich weiß nicht, warum oder wie.*
*Ich suche deine Ruhe, ich bete um deinen Frieden,*
*Beschützender Mond dort oben.*
*Möge sanftes Licht meine Furcht lindern*
*Und meine aufgewühlte Seele beruhigen.*

Meditieren Sie in Ruhe, solange Sie brauchen, und spüren Sie, wie die Ruhe in Ihnen zunimmt. Festigen Sie das Gefühl, damit Sie es bei Bedarf jederzeit abrufen können. Wenn Sie bereit sind, kehren Sie langsam zu Ihrer Umgebung zurück, bleiben Sie ruhig sitzen, trinken Sie dann eine Tasse Mondtee (siehe Seite 130), bis Sie bereit für Ihren Tag sind.

# SUCHE NACH WEISHEIT

Es gibt so Zeiten, in denen Fakten allein nicht genug sind. Man braucht auch Weisheit und muss wissen, was man mit diesen Informationen tun … oder nicht tun soll. Die verborgenen Implikationen von Informationen und Botschaften zu verstehen und angemessen darauf zu reagieren, erfordert manchmal, eine höhere Macht anzurufen.

Tragen Sie in solchen Momenten dem weisen Mond Folgendes (leise oder laut) vor, und seien Sie offen für seine erhellenden Botschaften:

*Oh wissend Mond, ich suche deine Hilfe, denn weise muss ich sehen,*
*Mein Kopf sagt »Ja«, mein Herz sagt »Nein«. Keiner meiner Freunde stimmt zu.*
*Bei schweren Entscheidungen berate mich weise.*

# EINSTELLUNGSÄNDERUNG

Wir alle erleben diese Zeiten, in denen uns die Negativität in den Sumpf zu ziehen beginnt. Wenn eine schnelle Änderung der Einstellung wirklich das ist, was Ihre Stimmung umkehren kann, versuchen Sie diesen fröhlichen Zauber!

*Das strahlende Gesicht des Mondes*
*Atmet freudige Worte in der Nacht.*
*Höre auf die glitzernden Mondtropfen.*

# IN ANMUT ALTERN

Älter zu werden ist eine der großen Freuden des Lebens. Lassen Sie sich nicht dazu verleiten, den Plan der Natur zu durchkreuzen. Wenn Sie niedergeschlagen sind oder anfangen, Ihren Ängsten nachzugeben, können Sie sich an die wissende Gnade des Mondes wenden. Sprechen Sie leise oder laut:

*Du siehst heute genauso aus wie am Tag deiner Geburt.*
*Wie machst du das, Göttin Mond? Verrate mir dein Geheimnis.*
*Die Liste meiner Schmerzen und Beschwerden, meiner Falten und Reparaturen wird länger, mein graues Haar wird mehr;*
*Ich frage mich, wohin ich gegangen bin.*
*Wenn mein Gesicht auch ein bisschen anders aussieht,*
*Habe ich immer noch die kindlichen Augen, die an jeder Ecke Wunder sehen.*

# SÜSSE TRÄUME

Beschwören Sie den abnehmenden Mond, seine Geschichten von friedlichen Träumen zu erzählen, wenn die Nacht ihren sanften Vorhang über den Himmel zieht. Sprechen Sie leise oder laut:

*Der warme Glanz deiner Nacht lindert sanft meine Ängste.*
*Während der Schlaf naht, höre ich deine Geschichten, leise in mein Ohr geflüstert.*
*Die Träume, die sie bringen, tragen mich so sanft in dieses Land,*
*Von Schlummer und Erholung. Ich komme zur Ruhe, schlafe wie ein Bär.*

# SORGEN VERTREIBEN

Wenn Sie Ihre Sorgen nicht loswerden können, ist es Zeit für ein mentale Reinigung. Der abnehmende Mond ist die richtige Zeit, diese Probleme anzupacken und loszulassen. Der Amethyst kann mit seinen beruhigenden Energien helfen. Halten Sie den Stein, machen Sie ein paar tiefe, beruhigende Atemzüge. Konzentrieren Sie sich auf die Sorgen, die Sie loswerden möchten, und lassen Sie den Stein diese aufnehmen. Sprechen Sie ruhig oder laut:

*Sorgen, Nöte und Lasten, ich überlasse euch diesem Stein.*
*Ich fülle meinen klaren Geist mit den erneuernden Kräften des Mondes.*

Legen Sie den Kristall in die Nähe eines Fensters, wo die Energien des Mondes den Stein reinigen und für den nächsten Gebrauch aufladen können. Machen Sie das so oft wie nötig, um Angst fernzuhalten.

# ABNEHMEN

Das Abnehmen von unerwünschtem Gewicht erfordert möglicherweise auch, ein paar schlechte Angewohnheiten loszulassen, oder zumindest das, was Sie davon abhält, Ihre Ziele zu erreichen. Denken Sie darüber nach, was Ihnen im Weg steht. Wenn Sie bereit sind, sprechen Sie leise oder laut:

*Wissender Mond, in stillen Zeiten suche ich deine zarte Stimme,*
*Ich möchte abnehmen, mein Freund, und das erfordert eine Wahl.*
*Bitte hilf mir, meinen Geist mit Worten des Lobes zu füllen,*
*Und jene gesunden Gewohnheiten anzunehmen, die meine Taille schmälern wird!*

# DEN NAMEN EINES KINDES AUSSUCHEN

Vertrauen Sie sich der Führung des Mondes an, um den richtigen Namen für Ihren kleinen Wonneproppen zu finden, damit dieses Kind bis an sein Ende glücklich leben kann.

*Von Prinzen, Lords oder Prinzessinnen sei*
*Der königliche Name, den ich für dich suche.*
*Oh Mond des weisen, schwindenden Lichtes,*
*Hilf mir aus dieser Misere.*
*Den Sohn oder die Tochter,*
*Mit dem richtigen Namen zu krönen,*
*Das Leben reich und zielgerichtet zu leben.*

# EINEN BLÜHENDEN GARTEN ANLEGEN

Das Pflanzen im Mondschein ist vielleicht etwas unpraktisch, es ist aber eine kluge und praktische Sache, seinen Segen für eine reiche Ernte zu erbitten.

*In fruchtbarem Boden pflanze ich die Samen für Fülle an meinen Tisch.*
*Zum Gießen, Jäten und Pflegen mit der wärmenden Nahrung des Sonnenlichts.*
*Im Mondlicht mögen sie schlafen und davon träumen, jeden Tag zu wachsen,*
*Bis zur Ernte, die ich verteilen kann, um Hunger zu stillen.*

*Dass die Seiten nun geschlossen,*
*Scheint zu zeigen, dass es zu Ende ist,*
*Aber warte; geh noch nicht, der Mond,*
*Nennt dich jetzt einen lieben Freund.*
*Du hast Kraft, Mut und Liebe beschworen*
*Diesen magischen Weg zu gehen.*
*Nun, Hand in Hand, sei froh,*
*Die Reise hat gerade erst begonnen.*

Wie oben, so unten.

# DANKSAGUNG

Zunächst an Rage Kindelsperger, weil sie mir Mut machte, an das Projekt zu glauben. Und an Keyla Pizarro-Hernández und den Rest des Quarto (Wellfleet) Teams, die es zum Leben erweckt haben.

Danke an Gaye Cassells und Julie Kerr für ihre Liebe, Schwesternschaft, Freundschaft und Ermutigung und für die Magie, die solche Dinge in unser Leben bringen können.

An Sharon D'Angelo, Hohepriesterin und intuitive Führerin, für ihre aufschlussreichen Gespräche über Wicca und ihre großzügige und freundliche Bereitschaft, zu helfen. Sie finden sie unter www.sharondangelo.com.

Und schließlich an meinen Mann, John, für die Magie, die er täglich in unser Leben bringt: Wenn du mich ansiehst, ist es wie ... Magie.

# QUELLEN UND REFERENZEN

Um mehr darüber zu erfahren, was der Mond und seine Magie zu bieten haben, können Sie diese informativen Quellen nutzen.

*American College of Healthcare Sciences: achs.edu*

*Aromatherapy.com*

*Aroma Web: aromaweb.com*

*Astrology Online: astrology-online.com*

*Baring-Gould, Sabine.* Curious Myths of the Middle Ages, new ed. *London, U.K.: Rivingtons, 1876.*

*Cajochen, C., S. Altanay-Ekici, M. Münch, S. Frey, V. Knoblauch, and A. Wirz-Justice. »Evidence that the Lunar Cycle Influences Human Sleep.«* Current Biology *23 no. 15 (August 5, 2013): 1485–8. doi:10.1016/j.cub.2013.06.029.*

Conscious Lifestyle Magazine: *consciouslifestylemag.com*

*Color Meanings: color-meanings.com*

*Crystal Dictionary: crystaldictionary.com*

*Davis, Patricia.* Astrological Aromatherapy. *London, U.K.: Random House U.K., 2004.*

*EatingWell: eatingwell.com*

*eHow: ehow.com*

Encyclopaedia Britannica: *britannica.com*

*Energy Muse: energymuse.com*

*Kitchn: thekitchn.com*

*Law, S. P. »The Regulation of Menstrual Cycle and Its Relationship to the Moon.«* Acta Obstetricia Gynecologica Scandinavica *65, no. 1 (1986): 45–8.*

*Mayo Clinic: mayoclinic.org*

*Museum of the Moon: my-moon.org/research*

*National Aeronautics and Space Administration: nasa.gov*

National Geographic: *nationalgeographic.com*

*Perrakis, Ph.D., Athena.* Crystal Legends, Lore, and Myths, *Beverly, MA: Quarto, 2019.*

Psychology Today: *psychologytoday.com*

*Sage Goddess: sagegoddess.com*

Saveur: *saveur.com*

*Sharon D'Angelo, High Priestess and Intuitive Guide: sharondangelo.com*

Smithsonian: *smithsonianmag.com*

*Space.com*

*Tarot.com*

*The Buddhist Centre: thebuddhistcentre.com*

The Old Farmer's Almanac: *almanac.com*

*The Weather Channel: weather.com*

*U.S. Games Systems, Inc. »Rider-Waite Tarot Deck« booklet. Stamford, CT. usgamesinc.com*

*Zodiac Arts: zodiacarts.com*

# REGISTER

## W



## Z